Reinhold Ruthe

Spielregeln für die Familie

30 praktische Ratschläge, wie wir besser miteinander auskommen

Brendow Buch Kunst Verlag

CIP-Kurztitelaufnahme der Deutschen Bibliothek

Ruthe, Reinhold:
Spielregeln für die Familie: 30 prakt. Vorschläge, wie wir besser miteinander auskommen / Reinhold Ruthe. – 4. Aufl. –
Moers: Brendow, 1992.
(Edition C: M; 75)
ISBN 3-87067-265-X

NE: Edition C/M

4. Auflage 1992
ISBN 3 87067 265 X
Edition C – M 75

Umschlaggestaltung: Michael Buttgereit,
Kommunikations-Design, Haltern am See
Printed in Germany

Aus der Verantwortung vor Gott leben
Vier Leitsätze für Familien

Leitsatz 1: Die christliche Familie lebt nach biblischen Grundsätzen

In jeder Familie – in christlichen wie nichtchristlichen – kommt es zu Konflikten, Meinungsverschiedenheiten und Machtkämpfen. Eltern und Kinder versagen. Die christliche Familie ist kein Hort der Vollkommenheit. Hier leben Menschen aus Fleisch und Blut mit Vorzügen, Fehlern und Schwächen. Und was unterscheidet sie von Nichtchristen? Sie wissen, daß sie Sünder sind. Sie geben vor Gott und untereinander ihre Fehler zu und beschönigen sie nicht. Christen überwinden daher schneller und leichter falsche Verhaltensweisen und erwarten von Gott und dem Nächsten Hilfe und Vergebung (1 Joh 1,8–10).

Leitsatz 2: Die christliche Familie kennt keinen hoffnungslosen Fall

Es gibt in vielen Familien schwere Probleme, aber keinen hoffnungslosen Fall. Die meisten Schwierigkeiten sind hausgemacht. Daher sind sie auch wieder zu bewältigen. Nicht nur zur Weihnachtszeit singen und sagen wir: Christ der Retter ist da. Wer die Hoffnung aufgibt, es sei denn, es handelt sich um unlösbare organische Leiden, mißtraut seinem Herrn, der nicht nur von der Hoffnung redet, sondern die Hoffnung ist. Gott verliert nicht die Geduld und gibt keinen Menschen auf. Wir können von ihm lernen und uns die Kraft schenken lassen, an unser Kind und an unseren Partner zu glauben. „Darum werft euer Vertrauen nicht weg, welches eine große Belohnung hat" (Hebr 10,35).

Leitsatz 3: In der christlichen Familie geht es nicht um Herrschen, sondern um Dienen

Auch für die christliche Familie gilt dieses Wort: „Wenn nun ich, der Herr und Meister, euch die Füße gewaschen habe, dann müßt auch ihr einander die Füße waschen. Ich habe euch ein Beispiel gegeben, damit auch ihr handelt, wie ich an euch gehandelt habe" (Joh 13, 14–15).
Die Familie ist in erster Linie der Ort, wo wir unser Christsein praktizieren können. Christus hat sich nicht als Boss aufgespielt, sondern als Diener, der sich für die Seinen aufgeopfert hat. Sein Beispiel ist unser Maßstab. Sein Vorbild ist unsere Richtschnur.
Einer ist unser Herr und Meister, Christus.

- Wir sind keine Herren, sondern Diener;
- wir haben keine elterliche Gewalt, sondern die Pflicht zu elterlicher Sorge;
- wir sollen keine Macht ausüben, sondern lieben;
- wir sollen nicht herrschen, sondern unsere Kinder wie Gleichwertige behandeln.

Leitsatz 4: Die christliche Familie kennt keine Rangordnung, sondern Gleichwertigkeit

Das Beispiel vom Leib im 1 Kor 12 ist ein hervorragendes Gleichnis für das Zusammenleben und das Zusammenspiel in der Familie. Jedes Glied, auch Vater und Mutter, haben keine Sonderrechte und Privilegien. Der Mund kann nicht zum Fuß sagen, daß er wichtiger sei. Das Ohr hat nicht mehr Rechte als die Hand, und das Auge herrscht nicht über die Nase. Alle Glieder, kleine und große, wichtige und weniger wichtige, handeln Hand in Hand. Der Leib ist ein Gleichnis für Gleichwertigkeit vor Gott. Keine Rangunterschiede, kein Sichvergleichen. Nur einer ist Herr – Christus.
Paulus spricht im Epheserbrief über die „christliche Familienordnung", so lautet jedenfalls die Überschrift in der Einheitsübersetzung der Heiligen Schrift. Der erste Vers in diesem Abschnitt hat den Wortlaut: „Einer ordne sich dem andern unter in der gemeinsamen Ehrfucht vor Christus" (Eph 5,21).
Wer diese biblischen Regeln aus Überzeugung praktiziert, führt ein positives familiäres Zusammenleben und verbessert den zwischenmenschlichen Umgang.

Inhalt

Vorwort

In unsere Familienberatungsstelle kommen täglich Menschen, die Schwierigkeiten im Zusammenleben haben. Die Klagen wiederholen sich in schöner Regelmäßigkeit und hören sich etwa so an:
„Mit meiner Frau kann ich Abend für Abend keine fünf Sätze vernünftig reden", schimpft ein Ehemann.
„Was soll ich nur machen? Mein Mann hört mir einfach nicht zu!" klagt eine Frau.
Die pubertierende Tochter von 15 Jahren sagt: „Mit meinen Eltern reden? Unmöglich. Die wissen doch alles besser."
Die Mutter eines elfjährigen Sohnes berichtet: „Ich kann machen, was ich will, an das Kind komme ich beim besten Willen nicht ran."
Ein fast Achtzehnjähriger sagt resigniert: „Soll ich Streit anfangen? Das habe ich mir abgewöhnt. Ich sage gar nichts. Das ist für uns alle das Beste."
Ein Zwanzigjähriger, der zu Hause ausziehen will: „Das einzige, was ich mir Tag für Tag anhören muß, sind Predigten."
So oder ähnlich lauten die Vorwürfe, die Eltern gegen Kinder, Kinder gegen Eltern und Ehepartner gegeneinander erheben. Ihre zwischenmenschlichen Beziehungen sind festgefahren. Sie geben sich Mitteilungen, die mißverstanden oder überhört werden. Kurz, sie haben *Kommunikationsstörungen.* Das Schlagwort macht landauf landab Schlagzeilen.
Wir erleben:
Eltern und Kinder leben *aneinander vorbei,*
Eltern und Kinder *streiten* sich,
Eltern und Kinder *schweigen* sich an,
Eltern und Kinder *bekämpfen* sich, und zwar mit offenen und versteckten Waffen.

Was können die Beteiligten tun, um die Verständigung untereinander zu verbessern? Welche Spielregeln können sie anwenden und eintrainieren, um das Zusammenleben erträglicher zu machen?
Das Buch will ein praktischer Leitfaden sein, um den Familiengliedern zu helfen und ihr seelisches Wohlbefinden zu stärken. Es sind keine Patentrezepte, die automatisch wirken, sondern Hilfen, um destruktive Umgangsformen abzubauen.
Die Spielregeln und Kommunikationshilfen stammen aus der Beratungspraxis und entspringen keiner grauen Theorie.
Selbstverständlich sind Namen und Probleme der Klienten so verfremdet, daß sich Übereinstimmungen nur zufällig ergeben können. Alle Kapitel sind in drei Abschnitte gegliedert:
Kommentar,
Beispiel,
Fragen zur Selbstprüfung.

Einige Hinweise für den Gebrauch des Buches:
1. Lesen Sie es möglichst nicht in einem Atemzug durch. Es ist kein Roman, sondern eine Hilfe zur Selbsthilfe.
2. Diskutieren Sie nicht darüber, ob solche Bücher wie dieses notwendig sind und wie die Leute früher wohl mit solchen Problemen fertig geworden sind, es wird Ihnen sonst gelingen, *über* das Buch und die Kapitel zu sprechen, in Ihrer Familie bleibt aber alles beim alten.
3. Wenn Sie eine oder mehrere Regeln für wichtig halten, ist das eine lobenswerte Feststellung, aber sie bewirkt gar nichts, wenn Sie keine Taten folgen lassen.
4. Sprechen Sie in Ihrer Familie *eine* Regel an, die eine Störung im Zusammenleben beschreibt und *beginnen* Sie, neue Verhaltensmuster *einzuüben.*

Regel Nr. 1

Wir können das Zusammenleben unserer Familie verbessern, wenn wir wollen.

„Ich kann, wenn ich will."
Diese These fand ich als Buchtitel. Ein Psychiater und ein Therapeut geben in dem Büchlein Anleitung zur psychologischen Selbsthilfe. Der Buchtitel ist übrigens geschickt graphisch aufgemacht. Da heißt es hinter jedem Wort:

Ich = *Ich* kann, wenn ich will;
Kann = Ich *kann,* wenn ich will;
Wenn = Ich kann, *wenn* ich will;
Ich = Ich kann, wenn *ich* will;
Will = Ich kann, wenn ich *will.*

Ein Mensch, der nicht *will,* findet tausend Ausreden, um nicht zu müssen. Er sagt dann, daß er nicht *kann.* Wie aber hängen Können und Wollen zusammen?

Wenn ich nicht *kann,* sind die Erbanlagen schuld,
wenn ich nicht *kann,* sind die Eltern schuld,
wenn ich nicht *kann,* sind die Umstände schuld,
wenn ich nicht *kann,* sind in mir unüberwindbare Widerstände.

Menschen, die nicht können, *wollen* auch nicht. Sie bauen plausible Erklärungen auf, hinter denen sie sich verschanzen. Alles, was wir an unbrauchbaren Verhaltensweisen gelernt haben, können wir auch wieder *verlernen.* Das ist das Positivste, was wir über den Menschen sagen können. Niemand ist an seine Einstellungen und an seine negativen Muster wie ein Sklave gekettet. Darum schreiben die amerikanischen Therapeuten James und Jongeward:
„Die Erringung der Autonomie ist das höchste Ziel der Transaktionsanalyse. Autonom sein heißt, selbständig sein, das eigene Schicksal bestimmen, die Verantwortung für die eigenen Handlungen und Gefühle übernehmen und Verhaltensmuster aufgeben, die für das Leben hier und heute irrelevant und unangemes-

sen sind ... Wer sich bewußt wird, daß er sich wie ein Tyrann oder ein Priester verhält, kann entscheiden, was er mit diesem Verhalten tun will. Er kann es bewußt beibehalten, oder er kann es bewußt über Bord werfen, *wenn* er sich dazu entschließt."[1]

Die Familienmitglieder können sich darin gegenseitig bestärken,

- daß sie *freie* Menschen sind,
- daß sie ihre eigene *Wahl* treffen können,
- daß sie *nicht* ihrem vorbestimmten Lebensstil folgen müssen,
- daß sie jeden Zwang *ablegen* können,
- daß nicht die Umwelt ihr Leben prägt, sondern der Mensch die Umwelt so sieht, wie er sie *einschätzt*.

Menschen, die nicht wollen, haben Angst vor Veränderungen. Sie wollen alles beim alten lassen. Sie haben Angst vor der Arbeit an sich selbst. Alles lief recht und schlecht. Jetzt müssen sie aktiv werden, müssen Kräfte investieren – und das *wollen* sie nicht.

Auch das kann geschehen, daß viele nur Entscheidungen im Kopf treffen. Sie haben gute Vorsätze und pflegen gute Absichten. Aber beides benutzen sie als Ausreden, wie Alfred Adler diesen Leuten ins Stammbuch schrieb.

Wenn alle Beteiligten fest *glauben*, daß sie das Zusammenleben in der Familie verbessern können und den festen Willen bezeugen, gibt es Veränderungen.

Sind dir deine Skatfreunde wichtiger als ich?

Der amerikanische Therapeut Albert Ellis, Begründer der Rational-emotiven Therapie, hat „11 irrationale Ideen" gefunden, die dem Menschen das Leben schwermachen. Die 9. irrationale Idee lautet: „Die Vorstellung, daß die eigene Vergangenheit entscheidenden Einfluß auf unser gegenwärtiges Verhalten hat und daß etwas, das sich früher einmal auf unser Leben auswirkte, dies auch weiterhin tun müßte."[2]

Wer kräftig an dem Irrtum festhält, *kann* sich nicht ändern. Und warum nicht? Die Vergangenheit sitzt ihm im Nacken. Die

---

[1] Muriel James / Dorothy Jongeward, Spontan leben, Rowohlt Verlag, Hamburg 1974, S. 279 ff.

[2] Albert Ellis, Die rational-emotive Therapie, Pfeiffer Verlag, München 1977, S. 84 f.

Vergangenheit hat seine Gegenwart geprägt. Er ist gezeichnet.

Ich hatte eine junge Dame in der Beratung, die ihren Mann täglich mit Vorwürfen traktierte, sie nicht genug zu lieben. Sie verstand es einfach nicht, seine Zuneigung hervorzulocken. Dagegen gelang es ihr meisterhaft, seine Abwehr zu mobilisieren, und zwar mit bedrängenden Fragen. Ihre Stimme hatte ständig einen klagenden und anklagenden Charakter.

„Liebst du mich eigentlich gar nicht?"

„Kannst du nicht mal eine Stunde ganz für mich da sein?"

„Mußt du schon wieder Gitarre spielen und mich allein lassen?"

„Sind dir deine Skatfreunde wichtiger als ich?"

Schon ihre heruntergezogenen Mundwinkel zeigten eine pessimistische Grundeinstellung. Sie verstand zu nörgeln, anzuklagen und eine miese Stimmung zu produzieren.

Als sie mit ihrem Mann in die Beratung kam, suchte sie intensiv meinen Beistand, Verständnis für ihre verkorkste Vergangenheit aufzubringen. Sie ließ nicht locker, ihr Elternhaus für ihre nörgelnde und vorwurfsvolle Art verantwortlich zu machen. Sie: „Ich bin 27 Jahre alt und habe jeden Tag nur gehört, was ich alles nicht kann, was ich falsch mache, wie ungeschickt und wenig anziehend ich für Männer bin. Ich komme von der Arbeit nach Hause, da fällt meinen Eltern nichts Vernünftigeres ein, als mir den beklagenswerten Zustand meines Zimmers unter die Nase zu halten. Erwarten Sie von mir, daß ich liebenswürdig antworte? Ich kann nicht aus meiner Haut!"

Die junge Frau wurde im Elternhaus kritisiert und hatte das Gefühl, *zwanghaft* kritisch und nörgelnd mit ihrem Mann umzugehen.

Was verdeutlicht uns dieses Beispiel?

- Die junge Dame hat in der Tat 27 Jahre lang die fehlerorientierte Erziehung der Eltern genossen. Die Eltern haben die Mängel ins Licht gehoben und nicht die Stärken. Sie wurde kritisiert und infrage gestellt. Sie fühlte sich nie voll akzeptiert.
- 27 Jahre lang hat sie beleidigt, kritisch und nörgelnd den Eltern paroli geboten. Aber sie hat es nicht nötig, *heute noch* alle Verhaltensmuster aufrecht zu erhalten. Sie kann sich ändern, wenn sie will.

- Läßt die junge Dame sich von der Vergangenheit leiten, wird sie eine *bequeme Lösung* wählen und weiterhin ihren trainierten Stil pflegen und den Ehemann aus dem Hause jagen.
- Sie *kann* auch wie bisher die Vergangenheit als Ausrede benutzen, um am gegenwärtigen Verhalten nichts ändern zu müssen. Ihr intensives Bemühen, bei mir Verständnis zu erwirken, deutet auf ihren Widerstand hin.
- Es ist ein weit verbreitetes Märchen „Niemand kann aus seiner Haut." Wir übernehmen gern solche fatalen Sprüche, um uns eine Änderung zu ersparen.

Wer wie hypnotisiert auf seine Vergangenheit schaut, *glaubt* schließlich, daß es hoffnungslos und unmöglich ist, das gegenwärtige Verhalten zu ändern.

Albert Ellis hat recht, wenn er schreibt: „Aber man sollte auch erkennen, daß die *Gegenwart die Vergangenheit von morgen ist,* und daß man, indem man sich um Veränderung seiner Gegenwart bemüht, das Morgen grundlegend anders und weitaus befriedigender gestalten kann als das Heute."[3]

Kein anderes Lebenwesen als der Mensch hat die einzigartige Fähigkeit, sich in kürzester Zeit ändern zu können. Die meisten Menschen sind in der Lage, unmittelbare und langwirkende Entscheidungen zu treffen, die einen starken und tiefgreifenden Einfluß auf ihr persönliches Wohlergehen und das der Umgebung haben können.

---

[3] Albert Ellis, Die rational-emotive Therapie, Pfeiffer Verlag, München 1977, S. 86.

FRAGEN ZUR SELBSTPRÜFUNG

Will ich das Zusammenleben der Familie verbessern oder bin ich davon überzeugt, daß es befriedigend und relativ reibungslos verläuft?

Bin ich bereit, bei mir anzufangen, ohne den übrigen Mitgliedern der Familie einen brauchbaren Tip für hilfreiche Änderungen zu geben?

Gehöre ich auch zu denen, die den Satz sagen „So bin ich nun mal, und so bleibe ich auch. Ich kann nicht aus meiner Haut."?

Ist es möglich, daß ich über 50 Jahre alt bin und die Hoffnung aufgegeben habe, mich noch ändern zu können?

Stimme ich auch der weit verbreiteten Meinung zu, daß ältere Menschen sich nicht mehr ändern können?

Glaube ich auch an das Märchen, daß Probleme, die jahrelang sich entwickelten, Jahre benötigen, um gelöst oder geändert zu werden?

Kommt es vor, daß ich mich auf die Vergangenheit, auf mein Erbe oder den Einfluß der Eltern herausrede, um eine Veränderung zu vermeiden?

Stimme ich dieser Regel nur theoretisch zu und verschiebe eine Veränderung, oder stimme ich mit der Regel überein und *handele* auch danach?

Regel Nr. 2

Wir werden Probleme nicht vor uns herschieben in der Hoffnung, sie lösen sich demnächst von selbst.

Der Mensch, der Probleme vor sich herschiebt, hat auf der ganzen Welt viele Nachahmer. Diese Angewohnheit, um nicht von Krankheit zu sprechen, ist ein beliebter Sport von Kindern und Erwachsenen. Viele haben sich das fragwürdige Verhaltensmuster als Kinder zugelegt und bringen es ihr Leben lang nicht fertig, es wieder abzulegen.

Der Alltag bestätigt, wer Probleme auf die lange Bank schiebt, handelt sich viele Nachteile ein, denn „aufgeschoben ist nicht aufgehoben". Er erlebt,

- daß er dauernd mit einem schlechten Gewissen herumläuft, bestimmte Dinge noch nicht erledigt zu haben;
- daß aus harmlosen Krankheitssymptomen inzwischen handfeste Krankheitsherde geworden sind;
- daß sich kleine Roststellen am Auto zu Rostlöchern entwikkelt haben;
- daß sich Meinungsverschiedenheiten in der Ehe allmählich zu Krisen gesteigert haben;
- daß die Angst vor dem Zahnarzt seine Angst umso mehr verstärkt;
- daß Aufschieben den Mut untergräbt, die Entscheidungsfähigkeit lähmt und die Unsicherheit vergrößert.

Wer *sofort* ein Problem in Angriff nimmt, ist befreit. Er ist stolz, eine unangenehme Sache hinter sich gebracht zu haben. Froh und beschwingt kann er Angenehmes genießen. Zudem hängen die meisten Probleme mit der *Gemeinschaft* zusammen. Wer sich drückt, belastet das familiäre Zusammenleben. Er wartet darauf, daß ein anderer für ihn einspringt. Und dieser andere fühlt sich wiederum ausgenutzt, schimpft innerlich und äußerlich. Das Glück in der Familie ist beeinträchtigt.

Die amerikanischen Therapeuten Arnold Lazarus und Allan Fay

haben 4 *Lebensirrtümer* aufgestellt, die mit dem Thema zu tun haben, Probleme vor sich herzuschieben[4].

1. Viele unangenehme Situationen werden nur schlimmer, wenn man sich ihnen stellt.
2. Wenn man betrübliche und schmerzliche Sachen links liegen läßt und nichts von ihnen wissen will, dann gehen sie schon von selbst weg.
3. Wenn du nur immer „Das geht schon alles in Ordnung" sagst, dann wird dir dieses positive Denken eine Menge nützen.
4. Unangenehmen Angelegenheiten aus dem Wege zu gehen, ist ein Zeichen von Bildung und guter Erziehung und zeugt von Lebenskultur.

Die *Irrtümer* geben treffend das Gefühl vieler Menschen wieder: Problemen aus dem Wege zu gehen, ist anständig und nicht ehrenrührig, denn viele Probleme lösen sich vielleicht von allein. Nur Ungebildete und Zwanghafte stürzen sich sofort auf jedes Problem und versuchen, es zu lösen. Trifft nicht schon das Sprichwort den Nagel auf den Kopf: „Kommt Zeit, kommt Rat"? Und in meiner Heimat gibt es ein plattdeutsches Sprichwort, das so ähnlich die Dinge anspricht: „Loadt Holt teo Küerln kumen!" (Laß erst das Holz zu Kohlen werden!) Mit anderen Worten: Warten zahlt sich aus. Bitte, keine vorschnellen Entscheidungen!

Alle diese Sprüche und Volksweisheiten spielen den Wünschen der Menschen in die Hände. Nur zu gern schieben sie Unangenehmes vor sich her und drücken sich.

Die Individualpsychologie Alfred Adlers sieht das Hinausschieben von Problemen im Zusammenhang mit „neurotischem Sicherungsverhalten". Sie nennt eine Reihe Verhaltensmuster, die oft für diese Menschen typisch sind:

- Die *zögernde Attitude.* Der Mensch nimmt von der erwarteten Richtung seines Handelns Abstand. Er legt zwischen sich und die zu erwartende Tat eine Distanz.
- Der *Stillstand.* Stehen Prüfungen, Lebensentscheidungen, Liebes- und Ehebeziehungen zur Diskussion, so tritt er auf der Stelle. In seinen Träumen fühlt er sich stark gehemmt und erreicht sein Ziel nicht.

---

[4] Arnold Lazarus / Allen Fay, Ich kann, wenn ich will, Klett-Cotta, Stuttgart 1979[3], S. 78.

– Der *Zweifel*. Adler spricht von einem „gedanklichen Hin und Her". Der Mensch unternimmt deutliche Anstrengungen zur Zeitvertrödelung. Tritt dann noch *Berührungsfurcht* auf, wird die räumliche Distanz zum Problem besonders augenfällig.
– *Konstruktion von Hindernissen*. Unbewußt produziert der Mensch Widerstände und Hindernisse, die es ihm erlauben, Problemen aus dem Wege zu gehen.
„Ebenso häufig sieht man ein Hinausschieben der Arbeit oder der Entscheidung unter einem ‚unwiderstehlichen Zwang' zu unwichtiger Tätigkeit, zu Vergnügen usw., bis es zu spät ist. Oder knapp vor der Entscheidung tritt meist eine konstruierte Erschwerung (z. B. Lampenfieber) ein ... Hat der Mensch einmal den Standpunkt gewonnen, vor den Schwierigkeiten des Lebens auszukneifen, dann kann dieser Standpunkt durch Hinzutreten von Angst außerordentlich vertieft und gesichert werden. In der Tat gibt es Menschen, bei denen die erste Regung immer Angst ist, wenn sie etwas unternehmen sollen, ob sie nun das Haus verlassen, sich von einem Begleiter trennen, ob sie eine Stelle bekleiden sollen oder ob ihnen die Liebe winkt. Dabei bleibt jede Entwicklung ihrer Persönlichkeit und Liebesfähigkeit gehemmt."[5]

Was sind die unbewußten Ziele seines Verhaltens?
– Der Mensch will keinen Fehler machen,
– der Mensch will seine Minderwertigkeitsprobleme verdecken,
– der Mensch will sich nicht blamieren und Schwäche zugeben,
– der Mensch schließt sich stärker von anderen Menschen ab,
– der Mensch schützt sich allgemein vor Bedrohung von draußen,
– der Mensch benutzt seine *Symptome* als Ausreden und Alibi.

Wir glauben an unsere Ausreden

Wir Menschen sind Meister im Erfinden von Entschuldigungen, um uns vor Problemen, die gelöst werden müssen, zu drücken. Wir sagen:
„Ich muß zum Zahnarzt, aber in 6 Wochen ist Weihnachten.

---

[5] Heinz. L. Ansbacher / Rowena R. Ansbacher, Alfred Adlers Individualpsychologie, Ernst Reinhardt Verlag, München / Basel 1972, S. 261 ff.

Wenn ich heute gehe, verderbe ich mir unter Umständen die ganze Advents-und Weihnachtszeit, weil alle Zähne in der unteren Reihe herausgenommen werden müssen."

„*Wenn* ich das Gedicht zu Beginn der großen Ferien lerne, habe ich es nach den Ferien doch schon wieder vergessen."

„Ich lege mich erst mal schlafen, dann habe ich Kräfte genug gesammelt, um an die schwierigen Aufgaben heranzugehen."

„*Wenn* ich einige Nächte darüber geschlafen habe, sehe ich die Probleme viel ruhiger und gelassener."

„In 3 Monaten soll ich die Arbeit abliefern, wer weiß, was bis dahin alles geschehen kann, wenn ich mich sofort auf die Arbeit stürze."

„Nach dem Urlaub geht es mir besser. Ich habe neue Kräfte gesammelt. Da wird mir die Arbeit schnell von der Hand gehen."

„Ich warte noch. Vielleicht fallen mir noch bessere Lösungen ein."

„Die letzte Nacht habe ich so miserabel geschlafen, daß ich heute unfähig bin, mit klarem Kopf an die Sache heranzugehen."

Solange ich diesen *Rationalisierungen,* diesen inneren Ausreden nicht auf die Spur komme, werde ich sie nicht ablegen können. Erkenne ich die Ziele, die ich anstrebe und die *versteckten* Absichten, die ich mit meinen Arrangements verfolge, kann ich mein Handeln ändern. Die Frage ist, ob ich den unverstandenen Absichten meiner zögernden Attitude auf die Spur kommen will.

Der Fleck im Mantel

Frau Müller hatte sich im Kaufhaus einen teuren Mantel gekauft. Als sie ihn zuhause auspackte und ins helle Licht hing, stellte sie fest, daß auf der Rückseite ein lästiger Farbfleck saß. Sie holte ihren Mann, schimpfte auf die Schlampigkeit des Kaufhauses und hatte keinen Mut mehr, noch einmal in die Stadt zu gehen, um das kostbare Stück umzutauschen.

„Ich bin so müde und abgespannt. Das Herumlaufen in der Stadt macht mich immer ganz kaputt."

„Fahr lieber sofort", meinte der Mann, „wenn du wartest, nimmt dir das Geschäft den Mantel nicht mehr ab."

„Außerdem ist es mir unangenehm zu reklamieren. Vielleicht

glaubt man mir nicht. Wie soll ich beweisen, daß der Fleck schon im Mantel war?"

„Du mußt es wissen", sagte der Mann.

„Ich weiß gar nicht, warum wir so ein Theater um diesen Fleck machen! Unter Umständen verschwindet er sofort mit Fleckwasser."

Frau Müller sprang auf, holte ein Mittel zum Fleckenentfernen aus der Küche und machte sich an dem neuen Mantel zu schaffen. Aber sie hatte Pech. Der Fleck verschwand nicht, und sie brach in Tränen aus.

Eine alltägliche Geschichte, die jedem von uns passieren kann,

- wenn wir Probleme vor uns herschieben,
- wenn wir keinen Mut haben, eine unangenehme Sache sofort zu erledigen,
- wenn wir uns mit faulen Ausreden vor der Aufgabe drücken,
- wenn wir – wider besseres Wissen – die Aufgabe mit drittklassigen Lösungen angehen.

FRAGEN ZUR SELBSTPRÜFUNG

Kann ich mir generell sagen, daß ich im Prinzip vor schweren Aufgaben weglaufe und unangenehme Dinge vor mir herschiebe?

Welche Dinge sind es besonders, die ich auf die lange Bank schiebe?

Vertraue ich auch darauf, daß sich unangenehme Probleme von selbst lösen?

Was glaube ich, welche Ziele ich damit verfolge, daß ich mich bestimmten Forderungen nicht sofort stelle?

Habe ich Angst vor Blamagen?

Glaube ich, mich nicht durchsetzen zu können?

Will ich Auseinandersetzungen vermeiden und mit allen Menschen in Frieden leben?

Kann es sein, daß ich den Aufgaben aus dem Wege gehe, weil ich weiß, daß ein anderer (meine Eltern, Geschwister oder Großeltern) die Probleme für mich lösen?

Fühle ich mich wohl in meiner Haut, wenn ich erlebe, daß andere lästige Dinge für mich erledigen?

Will ich *sofort* beginnen, Probleme, die mir quer liegen, in Angriff zu nehmen?

Gehöre ich vielleicht auch zu denen, die von der Richtigkeit der Regel fest überzeugt sind, aber im Augenblick für einen Gesinnungswandel noch keine Zeit haben?

Regel Nr. 3

Wir bilden einen Familienrat, der regelmäßig zusammenkommt und alle Probleme klären hilft.

Probleme und Schwierigkeiten gibt es in allen Familien. Streit und Machtkämpfe vergiften das Klima. Eltern stehen gegen ihre Kinder, Kinder stehen gegen ihre Eltern. Ehepartner verbünden sich gegen die Kinder, Untergruppen bilden sich in der Familie, und jede Seite probiert Strategien aus, die Gegenseite zu übertrumpfen. Einzeln fühlen sie sich bedroht, übergangen, nicht ernstgenommen, ausgebootet oder vergewaltigt. Themen gibt es genug, die partnerschaftlich und verantwortlich im Familienrat behandelt werden sollten:

- die *Ordnung* in der Familie,
- die *Pünktlichkeit,*
- die *Kritik* des einen am anderen,
- der *Fleiß* für die Schule,
- der Geschwister*streit,*
- der *Haushalt* und wie er von *allen* gemeistert wird.

Die regelmäßige Zusammenkunft oder Konferenz aller Familienmitglieder nennt man „Familienrat".

Was ist der Sinn des Familienrates?

- Der Familienrat hat den Sinn, mit Kindern *demokratischer* umzugehen. Als gleichwertige Partner sitzen sie zusammen, um akute Probleme und Schwierigkeiten, Konflikte, Sorgen und strittige Fragen gemeinsam zu besprechen, gemeinsam nach Lösungsmöglichkeiten zu suchen und in Übereinstimmung praktikable Wege zu beschreiten.
- Der Familienrat hat den Sinn, daß Kinder durch vollwertige Beteiligung und *Mitarbeit* lernen, sich innerhalb und außerhalb der Familie allen Anforderungen gewachsen zu fühlen.
- Der Familienrat hat den Sinn, das Zusammengehörigkeitsgefühl der Mitglieder zu fördern. Das geschieht dadurch, daß

jeder Beitrag – selbst des jüngsten Kindes – respektiert wird. Das Kind selbst macht die Erfahrung, daß es als Person einen Wert hat, ernstgenommen wird und angstfrei alles sagen und besprechen kann.

- Der Familienrat hat den Sinn, *Gleichwertigkeit* in der Familie und im Leben zu praktizieren. Der Familienrat ist ein Zusammenschluß von Gleichen, von gleichwertigen Partnern. Nur so können sie Ideen, Beschwerden und Wünsche angstfrei vorbringen.
- Der Familienrat hat den Sinn, die *Bedürfnisse* der einzelnen Familienmitglieder zur Sprache zu bringen, zu respektieren und für eine befriedigende Lösung gemeinsam Sorge zu tragen.
- Der Familienrat hat den Sinn, Überlegenheitsgedanken und *Machtkämpfe* unter den Beteiligten abzubauen.
- Der Familienrat hat den Sinn, gegenseitige *Verantwortung* zu trainieren. Eltern, die allein die Verantwortung tragen wollen, geben den Kindern keine Gelegenheit zu lernen, für sich selbst zu sorgen oder sogar Verantwortung für andere zu übernehmen.

Wie wird der Familienrat technisch gestaltet?

Aus der Erfahrung sind folgende Punkte bedenkenswert:

1. Alle werden eingeladen

Nicht nur die ältesten Kinder dürfen teilnehmen, sondern auch die, die das 4. Lebensjahr erreicht haben. Die Teilnahme ist kein Zwang, jeder kann fernbleiben. Nur muß derjenige, der absichtlich fernbleibt, damit rechnen, daß Entscheidungen getroffen werden, die ihm möglicherweise nicht behagen.

2. Einer übernimmt die Leitung

Es empfiehlt sich, einen Leiter für die jeweilige Sitzung zu benennen. Nicht Vater oder Mutter müssen die Rolle übernehmen, auch Kinder können solche Funktionen einüben.

3. Keine Mehrheitsbeschlüsse

Es hat sich herausgestellt, daß *Abstimmungen* und Mehrheitsbeschlüsse, wie sie in verschiedenen politischen Gremien getroffen werden, nicht vorteilhaft sind. Minderheiten boykottieren gern die Mehrheitsbeschlüsse. Der innere Familienfriede ist dann gestört. Besser ist es, so lange zu verhandeln, bis ein Kompromiß gefunden ist, der alle befriedigt. Möglicherweise muß die Sitzung vertagt werden, weil keine Einigung erzielt werden kann. Das ist keine Schande, die Verschiebung zahlt sich aus.

4. Falsche Entscheidungen und Änderungen

Selbstverständlich treffen besonders Kinder leicht falsche Entscheidungen. Sie schlagen Lösungen vor, die in der Tat problematisch sind. Die Eltern dürfen und sollen ihre gegenteilige Meinung äußern. Aber die Erfahrung lehrt, daß Entscheidungen, die nicht existenzbedrohend sind, von den Eltern ruhig gutgeheißen werden können, damit alle Beteiligten lernen, Fehlentscheidungen zu verkraften.

Einmal getroffene Entscheidungen haben bis zur nächsten Familienratssitzung Gültigkeit. Keiner hat das Recht oder die Autorität, einen Familienbeschluß zwischen den Sitzungen zu verändern.

Wenn jemand bestimmte Aufgaben nicht ausführt, die er übernommen hat, können andere Familienmitglieder ihre übernommenen Arbeiten auch liegenlassen. Das kann bedeuten, daß plötzlich die Mutter kein Essen kocht, weil in der Küche bestimmte Pflichten von den Kindern versäumt wurden. Die *logische Konsequenz* hilft, daß alle ihre Aufgaben wahrnehmen.

5. Die beste Lösung entscheidet

Nicht der Lautstärkste setzt sich durch, nicht der Mächtigste, sondern der, der die plausibleren Argumente auf den Tisch legt, die alle überzeugen.

Es ist unbedingt wichtig, daß Eltern sich vergewissern, ob die Kinder tatsächlich mit der gemeinsam erarbeiteten Lösung einverstanden sind. Schnelle, rechthaberische und Druck ausübende Eltern sind im nachhinein überrascht, daß ihre Kinder nur mit halbem Herzen der eigentlichen Lösung zugestimmt hatten.

„Sind alle mit dieser Lösung einverstanden?“

„Hat einer noch Bedenken oder Vorbehalte? Welche?“

„Haben wir wirklich alles bedacht?“

Die Absicherung erspart Ärger, die Vergewisserung beeinflußt das Gesamtklima positiv. (Siehe Regel 25)

6. Die Ausführung und nachfolgende kritische Beratung
Ist die Entscheidung gefallen, werden *genaue* Schritte überlegt, die Problemlösung in Angriff zu nehmen. Wer diesen wichtigen Schritt überschlägt, erlebt im Familienrat viele Enttäuschungen.
Wer übernimmt *welche* Arbeit?
Was muß getan werden?
Wie geht man am besten an die Sache heran?
Wann muß spätestens die Sache erledigt sein?
Je genauer alle Einzelheiten abgesteckt sind, desto weniger Unstimmigkeiten schleichen sich ein. Die Praxis erfordert einen detaillierten Plan.
Ist die Arbeit getan, stellen sich die Familienmitglieder alle einer nachträglichen kritischen Bewertung. Alle Mitglieder vergewissern sich, ob ihre gemeinsam erarbeitete Lösung realistisch und der Sache angemessen war.
Der Familienrat kann mit gutem Gewissen zu einer fragwürdigen Lösung kommen. Die Theorie war gut, die Durchführung schlecht. In der Praxis zeichnen sich Konstruktionsfehler ab, die „am grünen Tisch" nicht bedacht wurden. Keiner beschimpft den anderen, keiner schiebt dem anderen den „schwarzen Peter" zu. Es war schließlich eine gemeinsame Lösungssuche.

Demonstration des Familienrates

In Marburg habe ich vor einiger Zeit mit einer Familie einen Familienrat demonstriert, und zwar vor vielen Zuhörern. Die Eltern und 4 Kinder nahmen an der Sitzung teil. Der Jüngste war etwa 5 Jahre alt. *Freiwillig* hatten sich die Kinder zur Verfügung gestellt. Die Kinder bestimmten auch zunächst, worüber verhandelt wurde. Die Sitzung dauerte fast 1 ½ Stunden. Ohne Ermüdung, Desinteresse und Kommunikationsschwierigkeiten nahmen die Kinder und Erwachsenen an dem Familiengespräch teil. Zwei Fragen, die die ganze Familie berührten, wurden besprochen: die Ordnung bzw. die Unordnung im Zusammenleben und das Taschengeld. Das Thema Ordnung ist in vielen Familien ein „heißes Eisen". Sorgfältig habe ich darauf geachtet, daß Vorwürfe und Anklagen vermieden wurden. Jeder äußerte seine Wünsche und Vorstellungen. In einer weiteren Gesprächsrunde wurde geklärt, wie die Ordnung *zur Zufriedenheit aller* verbessert werden kann. Die Bedürfnisse der Eltern *und* der Kinder müssen gegeneinander abgegrenzt werden. Ordnung darf nicht als Prinzip fanatisch durchgeboxt, Unordnung nicht als Waffe gegen die Eltern benutzt werden. Alle Vorschläge wurden unter die Lupe genommen. Es ist immer wieder erstaunlich, wie gerade die Jüngsten oft die überzeugendsten Vorschläge liefern. Woran lag es, daß die Sitzung zufriedenstellend verlief?

- Die Kinder hatten das Gefühl, ernstgenommen zu werden;
- die Kinder erlebten, es wurden ihre Probleme verhandelt;
- alle Beteiligten erlebten, es wurde nicht gekämpft und es gab weder Besiegte noch Sieger;
- Eltern und Kinder spürten, daß Schwierigkeiten verringert und Spannungen gemildert werden können;
- Eltern und Kinder machen die Erfahrung, daß Lösungen, die gemeinsam gefunden und *nicht verordnet* werden, größere Zufriedenheit auslösen und die Bereitschaft fördern, ernsthaft daran zu arbeiten.

FRAGEN ZUR SELBSTPRÜFUNG

Gibt es bei uns einen „Familienrat"?
Wenn nein, warum nicht?
Was hindert mich, auf partnerschaftlicher Basis Probleme und Schwierigkeiten der Familie anzusprechen?
Klappt bei uns das Zusammenleben so harmonisch, daß wir auf einen Familienrat verzichten können?
Befürchte ich, daß meine Macht beschnitten wird?
Will ich das Heft nicht aus der Hand geben, die Familie allein zu führen?
Fürchte ich, daß die Familie zu einer „Quasselbude" entartet?
Fürchte ich, daß aus vielen Kleinigkeiten, die zur Lösung anstehen, erst handfeste Probleme gemacht werden?
Habe ich Bedenken, ob alle Mitglieder teilnehmen werden?
Bin ich bereit, vorurteilsfrei meiner Familie den Plan des Familienrates zu unterbreiten?
Warum sperre ich mich, heute noch einen Versuch zu wagen, mit dem Familienrat zu beginnen?

Regel Nr. 4

Wir wollen gemeinsam lernen, aus größeren Fehlern kleinere zu machen und keine vollkommenen Lösungen anstreben.

Woran erkennen wir den Perfektionismus?
Wenn die Wohnung staubfrei, die Schularbeiten fehlerlos, der Aufsatz tadellos und Kleid und Anzug vollkommen sein müssen. Denn Unvollkommenheiten regen auf, machen traurig und depressiv, sie stören die Zufriedenheit und Ruhe.
Perfektionismus ist ein falsches Ziel. Jüngere und ältere Menschen mit Vollkommenheitsstreben machen sich und anderen das Leben schwer. Wir finden Perfektionismus auf allen Gebieten: im Haushalt (der Putzfimmel), im Berufsleben (den Ordnungsfanatiker) und im Glaubensleben (den Moralisten). Der Perfektionist ist Ursache seiner eigenen Unzufriedenheit. Wer hundertprozentig sein will, wird immer leiden, wenn er nur 98 Prozent seines Zieles geschafft hat. Der Perfektionist ist sich und anderen eine Last. Das gilt für Eltern, Kinder und Eheleute, privat und beruflich. Islam und Christentum haben erkannt, daß nur einer vollkommen ist – Allah oder Gott. Wer sein will wie Er, maßt sich göttliche Eigenschaften an. Er verhält sich unmenschlich – im wahrsten Sinn des Wortes – und setzt sich und andere unter Druck.
Was können wir tun? Fehler bejahen und Mängel gutheißen; über Ecken und Kanten großzügig hinwegsehen; Halbfertiges und Angefangenes liegenlassen können. Wer dagegen nicht schlafen kann, bevor bestimmte Aufgaben gelöst sind, wer unruhig hin- und hergetrieben wird, der jagt vermutlich einem selbstzerstörerischen Vollkommenheitsstreben nach. Hüten wir uns, den Hebel zur Veränderung in unserem Leben um 180 Grad herumwerfen zu wollen. Auch solche Hundertprozentigkeit ist Perfektionismus. Aus größeren Fehlern kleinere machen, das muß unser Ziel sein. Mut zur Unvollkommenheit mindert die Unzufriedenheit und fördert das Wohlbefinden der Umgebung. Die

Vollkommenheit gibt es im Himmel. Wir leben auf der Erde, um aus größeren Fehlern kleinere zu machen. Das ist barmherzig und menschlich und im besten Sinne Selbstliebe und Nächstenliebe.

Wenn die heilige Ordnung gestört wird

Frau M., 36 Jahre alt, gehört zu den Frauen, bei denen alles programmgemäß und exakt abläuft. Sie hat zwei Kinder, einen Jungen von 12 und ein Mädchen von 10 Jahren. Ihr Mann ist Lehrer, Sportsmann und vielseitig interessiert. Ein Gemütsmensch, der nur strahlt und auf Kommando den neuesten Witz produzieren kann. Er denkt und handelt großzügig, läßt sich von keinem Problem aus der Fassung bringen und ist „eine Seele von Mensch". Seine Kleidung trägt er salopp und hat eine typische Wegwerfbewegung, wenn es um Kleinigkeiten geht, die aufgebauscht werden.
Seine Gattin ist das krasse Gegenteil. Die Gedanken, der Tagesablauf, die Struktur der Woche, alles erscheint bei ihr wie auf Vordermann gebracht und alles, was diese heilige Ordnung stört, bringt sie in große innere Schwierigkeiten. Die kleinste aus der Rolle fallende Aktion im Haus und in der Familie zerrt an ihren Nerven. Ob eine Herdplatte ihr Leben aushaucht, die Toilettenbürste zerbricht, der Sohn eine Vier in Mathematik geschrieben hat, die Tochter mit schmutzigen Schuhen über den Teppich läuft, der Mann die Zeitung auf dem Sofa liegen läßt, alles wirft ihr klares Weltbild über den Haufen. Die heilige Ordnung ist gestört. Sie kann nicht großzügig darüber hinwegsehen. sie wird irritiert und läßt sich irritieren.
Der Perfektionist ist selten nur an einer Stelle hundertprozentig. Im Grunde beherrscht sein Vollkommenheitsstreben alle Lebensbereiche.

FRAGEN ZUR SELBSTPRÜFUNG

Warum wollen Sie als Vater oder Mutter vollkommen sein?

Müssen Sie alles mit starker Hand im Griff behalten?

Ist es möglich, daß Sie Angst bekommen, den Überblick zu verlieren, wenn nicht alles absolut programmgemäß verläuft?

Kann es sein, daß ihre hohen Erwartungen auch tiefe Enttäuschungen produzieren, weil Sie an sich selbst und an andere zu hohe Maßstäbe angelegt haben?

Regel Nr. 5

Wir Eltern wollen nicht autokratisch die Familie *beherrschen*, sondern demokratisch *leiten.*

Eine funktionierende Familie praktiziert einen entsprechenden Führungsstil. Reibungen, Fehlverhalten, Desorganisation, Disziplinlosigkeit und dissoziales Verhalten erwachsen oft aus einem autokratischen oder einem Laissez-fair-Führungsstil. Beide Stile – Unterdrückung und Zügellosigkeit – sind Gift für ein konstruktives Miteinander.

Es gibt genügend Eltern, die von demokratischer Leitung wenig halten und von *autokratischer* Lenkung und Beherrschung der Familie überzeugt sind. Autokratisch heißt, jemand herrscht unumschränkt und selbstherrlich.

Der autokratische Erzieher will

- aus Kindern gute Schüler *machen,*
- Kindern *etwas vorschreiben,*
- Kinder unter *Druck setzen,*
- Kinder bei Vergehen *bestrafen,*
- Kinder mit *scharfer Stimme* lenken,
- sich bei Kindern Respekt *verschaffen,*
- bei Kindern *Gehorsam fordern,*
- Kinder zur Verantwortung *zwingen,*
- Kinder *belohnen,* um sie seinen Wünschen entsprechend zu erziehen,
- Kinder *überreden,*
- Kinder mit *Nachdruck überzeugen.*

Der autokratische Stil legt Wert auf „Oben“ und „Unten“. Er bevorzugt das Abhängigmachen und das Hörigmachen – oft bewußt, oft unbewußt. Kinder, die willfähig, gefügig und blind gehorsam sind, werden als Ergebnis gewünscht. Bis ins einzelne ist alles reglementiert. Die charakteristischen Unterschiede zwischen einer autokratischen und einer demokratischen Familie macht noch einmal eine Gegenüberstellung deutlich:

Die autokratische Familie	*Die demokratische Familie*
Einer bestimmt	Einer leitet
Harte Stimmen	Freundliche Stimme
Befehle	Einladungen
Druck	Motivation
Zwang	Stimulation
Zusammenarbeit wird gefordert	Zusammenarbeit wird gewonnen
Einer bestimmt, was andere machen sollen	Einer sagt, was er selbst machen will
Ideen werden aufgezwungen	Ideen werden angeboten
Eltern wollen beherrschen	Eltern wollen lenken
Eltern meckern	Eltern ermutigen
Fehler werden herausgestellt	Bisherige Leistungen werden anerkannt
Eltern bestrafen	Eltern helfen
Eltern ordnen an	Eltern diskutieren
Eltern entscheiden für andere	Eltern machen Vorschläge, Kinder helfen bei Entscheidungen
Eltern tragen allein die Verantwortung	Eltern und Kinder tragen gemeinsam Verantwortung

Die wesentlichsten Aspekte demokratischer Erziehung sind hier der autokratischen Führung in der Familie gegenübergestellt. Keinem Erzieher gelingt es, alle Punkte lückenlos zu leben. Das spielt auch keine Rolle. Entscheidend ist, daß sich alle Beteiligten *bemühen,* mit demokratischen Mitteln ein reibungsloses Miteinander in der Familie zu garantieren. Eltern haben anhand der

Liste die Möglichkeit, ihr Verhalten und ihre Einstellung schrittweise zu überprüfen. Demokratischer Führungsstil ist keine Ideologie, sondern ein Weg, miteinander und in Verantwortung füreinander zu leben. Demokratische Freiheit heißt nicht Zügellosigkeit, heißt nicht disziplinlos, schwaches und nachgiebiges Miteinander-umgehen. Sie meint Partnerschaft, die aber Teilhabe, Mitverantwortung und Gleichwertigkeit voraussetzt.
Die demokratischen Verhaltensmuster erziehen *freie* Persönlichkeiten. Freie Menschen sind aber intellektuell, körperlich und sozial befähigte Personen. Sie haben Kooperation, Bereitschaft zum Lernen, Mitverantwortung, Unabhängigkeit und Selbstbestimmung *trainiert.* Sie gestalten eine Gemeinschaft mit und lassen sich nicht bestimmen. Sie tragen und überlegen mit und müssen nicht zur Mitarbeit gezwungen, überredet oder erpreßt werden.
Diese Hauptregel wird im weiteren Verlauf für das gesamte Zusammenleben konkretisiert.

Kann man sie nicht zum Glück zwingen?

In die Beratung kommt Herr Fleischer mit seiner Gattin. Von Beruf ist er Computer-Programmierer. Er hat zwei Söhne im Alter von 13 und 15 und eine kleine Tochter im Alter von 5 Jahren. Herr Fleischer spricht das Problem an. Er sei nur ungern gekommen, aber das Gymnasium hätte ihm dringend empfohlen, eine psychologische Beratung aufzusuchen. Beide Söhne seien der Schrecken der Klasse und der Lehrer. Er und seine Frau seien verzweifelt und wüßten nicht mehr ein noch aus. Die Zeugnisse der beiden seien verheerend, die Versetzungen gefährdet. Der eine sei noch fauler als der andere, und zwar in der Schule und zuhause. Wenn sie sitzenblieben, sei ihnen das nur recht.
Vater: „Ich habe überhaupt keine Möglichkeit mehr, sie zu kriegen."
Ich: „Sie möchten aber beide zu ihrem Glück zwingen, oder?"
Vater: „Ich will das Beste. Beide sind viel zu jung, um zu übersehen, was heute eine schlechte Schulbildung bedeutet."
Ich: „Sie wollen das Beste *für* Ihre Kinder, aber sie sabotieren Ihre Bemühungen."
Vater: „Was die Schule angeht, bin ich machtlos."

Ich: „Und sonst?"
Vater: „Bis vor 2 Jahren klappte alles tadellos. Ich bin es gewohnt, daß pariert wird. Ich halte das auch für keine Schande."
Ich: „Und doch scheint dieser Weg in die Sackgasse geführt zu haben."
Herr Fleischer berichtet weiter, daß die Jungens zuhause angepaßt seien, aber völlig verschlossen. Sie erzählten nichts, stellten aber draußen ständig die verrücktesten Sachen an.
Vater: „Beide lügen wie gedruckt. Nur was man ihnen beweisen kann, geben sie zu. Hans (der Älteste) ist ein Rebell gegen alles, Ulrich (der zweite) ist ein Klassenclown und der Anstifter für jeden nur denkbaren Blödsinn.
Frau (spricht zaghaft und macht einen verhärmten Eindruck): „Nur unsere Tochter ist ein Sonnenschein. Sie tut, was mein Mann sagt. Darum erwartet sie auch laufend Lob."

Was macht dieser Lebensstil deutlich?

- Herr Fleischer ist ein autokratischer Vater, der seine Familie nach seinen Vorstellungen *programmiert.*
- Seine Ehefrau ist ängstlich und zaghaft, lebt in seinem Schlepptau und ist offensichtlich unglücklich. Sie verhält sich ebenso angepaßt wie die Kinder.
- Weil der Vater bestimmt, verhalten sich beide Söhne in der Familie *angepaßt,* halten den Mund und geben sich beiden Eltern *verschlossen.* Sie leisten passiven Widerstand drinnen, aber aktiven Widerstand draußen.
- Die Söhne treffen mit ihrer Faulheit und *Leistungsverweigerung* den Vater an der empfindlichsten Stelle. Hier wird deutlich, daß Druck Gegendruck erzeugt und keine Lösung bringt.
- Auf dem Hintergrund der rebellischen Söhne findet die Tochter im Wohlverhalten und in der Folgsamkeit ihren persönlichen Stil. Sie leitet geschickt viel Lob und Komplimente auf ihre Mühlen.
- Das Beratungsbeispiel verdeutlicht, daß autokratische Methoden in unserer Gemeinschaft überholt sind, daß der Vater draußen keine Zustimmung findet, die Kinder aber von ihresgleichen unterstützt und verstärkt werden. Der Machtkampfcharakter läßt eine ganze Familie leiden. Niemand kann zu seinem Glück gezwungen werden.

FRAGEN ZUR SELBSTPRÜFUNG

Halten wir einen autokratischen Lebensstil in der Familie für notwendig?

Warum? Gibt es bei uns womöglich einen Elternteil, der von der autokratischen Erziehung überzeugt ist?

Was geschieht, wenn Vater und Mutter verschiedene Erziehungsstile praktizieren?

Leben wir auch passiven Widerstand oder offene oder versteckte Revolution, weil wir unsere Vorstellungen durchsetzen wollen?

Welche Verhaltensweisen stoßen bei unseren Kindern auf Widerstand?

Sind diese Verhaltensmuster gerechtfertigt oder gibt es eventuell bessere Methoden, um das gleiche Ziel zu erreichen?

Können wir uns vorstellen, daß die Kinder unsere autoritären Methoden mit erfolgreichen Gegenmethoden unterlaufen?

Leuchtet es ein, daß unser Engagement *für* die Kinder Widerstand hervorruft, weil wir Weg und Ziel bestimmen wollen?

Braucht Ihr Kind einen Fürsprecher, einen Dolmetscher und jemand, der Verantwortung übernimmt?

Wollen wir wirklich mündige und selbstkritische Kinder erziehen oder geben wir ihnen bewußt oder unbewußt zu verstehen, daß wir sie für unmündig und unverantwortlich halten?

Können wir auf autokratische Methoden verzichten oder glauben wir damit, unsere Autorität zu untergraben?

Regel Nr. 6

Wir vermeiden *angemaßte* Autorität und bejahen *Sach*autorität

Zweifellos war die überkommene Form der Autorität hierarchisch bestimmt. Als Herrschaftsform hat sie abgedankt, zudem ist sie undemokratisch. Immer dann, wenn Autorität *autoritär* ausgeübt wird, handelt es sich nicht um Autorität, sondern um *Machtausübung* und Zwang. Das wesentliche Merkmal der demokratischen Autorität ist *Gleichheit,* die den anderen neben sich duldet und die ihn nicht *unter* sich haben will. Überall da, wo Väter oder Mütter

- sich auf ihre Elternschaft berufen,
- ihre Autorität mit Macht zur Geltung bringen,
- Gehorsam, Disziplin und Ordnung erzwingen,
- keine Widerrede dulden,
- keine Kompromisse schließen können,
- Zusammenarbeit fordern, sich aber alle Initiativen selbst vorbehalten,
- Druck ausüben, erpressen und bestrafen,

haben wir es mit der *angemaßten* Autorität zu tun, die die Kooperation unter gleichwertigen Partnern verhindert. Wir brauchen Eltern mit *Sach*autorität. Sie

- entscheiden sich für einen *partnerschaftlichen* Erziehungsstil,
- leugnen ihre *Erziehungskompetenz* nicht,
- leugnen auch ihre vorhandene Überlegenheit und Erfahrung nicht,
- fordern keine *Unterordnung* und Abhängigkeit,
- fördern aber *Selbständigkeit,* Einsicht und freiwillige Mit- und Zusammenarbeit,
- beteiligen ihre Kinder zunehmend an Entscheidungen,
- beraten gemeinsam mit Kindern, was zweckmäßig und hilfreich ist,

- *nehmen* an den Empfindungen und am Denken der Kinder *teil,*
- wünschen sich Diskussion und Kritik und eine konstruktive und kreative Zusammenarbeit,
- gestalten die Regeln des familiären Zusammenlebens gemeinsam.

Eltern mit Autorität, die Kompetenz vermitteln und Vorbilder darstellen, werden wieder von Jugendlichen gefragt, so jedenfalls beschreibt Professor Affemann glaubhaft die gegenwärtige Situation der Jugend:

„Jugendliche sind wieder offen dafür, wenn sie Erwachsenen als Vorbilder gegenübertreten. Ich behaupte, sie haben sogar Sehnsucht danach, von Älteren zu erfahren, woran diese Älteren glauben ... Das Elend ist nur, daß es zu wenig Erwachsene gibt, die bereit sind, für das Kind oder den Jugendlichen ein Vorbild zu sein. Wir haben eine ängstliche Scheu davor, Autorität zu übernehmen. Wir meinen, wir würden gleich die Freiheit der Jugendlichen einengen und übersehen, daß sinnvoller Vollzug, daß Erwerb von Fähigkeiten zur Freiheit gerade das Vorbild voraussetzt."[6]

Das Wort *Autorität* hängt mit dem lateinischen Wort *augere* zusammen, was soviel wie *mehren* heißt. Sie ist also ein Verhältnis zwischen zwei Menschen, die ihr Wissen, ihre Erfahrungen in der Weise austauschen, daß einer davon mehr hat und der andere dafür zum Ausgleich mehr bekommt. Autorität hat nichts mit Gewalt zu tun, ist nichts, was man behaupten und verteidigen muß. Autorität will gelebt und freiwillig respektiert werden.

Elterliche Gewalt und elterliche Sorge

Ab dem 1. Januar 1980 ist das Gesetz zur Neuregelung des Rechtes der elterlichen Sorge inkraft getreten. Der bisher geltende Begriff der „elterlichen Gewalt" wurde durch den Begriff „elterliche Sorge" abgelöst. Die Eltern werden angehalten, „bei

[6] Rudolf Affemann, Vertrauen schenken – Ausdauer lernen, in: Jugend und Gesellschaft 6/7, 1980.

Pflege und Erziehung die wachsende Fähigkeit und das wachsende Bedürfnis des Kindes zu selbständigem verantwortungsbewußtem Handeln zu berücksichtigen", oder sie sollen „Fragen der elterlichen Sorge mit dem Kind besprechen, soweit es nach dessen Entwicklungsstand angezeigt ist und Einvernehmen anstreben."

Ich komme gegen meinen Vater nicht an

Das ist der Klageruf eines ausgereiften Mannes in der Beratung, der bis ins Erwachsenenalter den Eindruck bekam, daß ihn sein Vater „erdrückt" hat.
„Mein Vater war überstark."
Ich: „Er erschien Ihnen überstark."
Er: „Ich war ein Würmchen, er der starke Held und Alleskönner. In seiner Gegenwart gelang mir nichts. Er korrigierte meine Gedanken. Nichts konnte ich ihm recht machen. Wie ein Alptraum saß er mir im Nacken. Wenn ich heute in der Öffentlichkeit oder in meinem Beruf (er ist von Beruf kleiner Angestellter) einen starken, selbstsicheren Mann mit grauen Schläfen erlebe, fällt mich ein Ohnmachtsgefühl an. Ich fühle mich wie gelähmt."
Ich: „Sie sagen sich sofort: ‚Diesem Menschen bist du nicht gewachsen'!"
Er: „Stimmt. Ich kapituliere und ergreife die Flucht. Oft bin ich so hypnotisiert, daß ich noch nicht einmal zum Fluchtergreifen die Kraft habe."
Thomas Gordon charakterisiert in seinem Buch „Familienkonferenz" einleuchtend das Verhältnis von Eltern und kleinen Kindern: „Was ist Autorität? Einer der grundlegendsten Charakteristiken der Eltern-Kind-Beziehung ist die: Eltern haben eine dem Kind überlegene ‚psychologische Größe' ... Mit den Augen des Kindes gesehen, hat der Elternteil nicht die gleiche ‚Größe', wobei es keine Rolle spielt, wie alt das Kind ist. Ich spreche nicht von physischer Größe (obgleich ein physischer Unterschied besteht, bis Kinder das Jugendalter erreichen), sondern von ‚psychologischer Größe'. So wie das Kind es sieht, ist das Elternhaus fast immer von überlegenerer ‚psychologischer Größe' als es selbst, was zur Erklärung von Formulierungen von ‚großer Vater', ‚der große Meister', ‚er war ein großer Mann für mich',

‚mein Vater überschattete mein Leben', hilft. Allen Kindern erscheinen ihre Eltern zuerst als eine Art Gottheit."[7]

Was können wir tun?

- Schon früh beginnen, die falschen Vorstellungen der Kinder von den Eltern zu korrigieren.
- Unsere Grenzen, Schwächen und Irrtümer vor den Kindern verdeutlichen.
- Wir maßen uns nicht eine „psychologische Größe" an und nutzen sie auch aus erzieherischen Gründen nicht aus.
- Wir verzichten auf *unangemessene* Autorität und Macht und behandeln unsere Kinder wie *gleichwertige* Partner.

FRAGEN ZUR SELBSTPRÜFUNG

Wie schätze ich meine Autorität in der Familie ein?

Was glaube ich, wie meine Kinder meine Autorität einschätzen?

Setze ich meine Autorität zu stark oder zu wenig ein?

Halte ich die „elterliche Gewalt" für ein legitimes Recht?

An welcher Stelle kann ich meine Autorität glaubhafter und überzeugender einsetzen?

Wo praktiziere ich *angemaßte* Autorität in der Familie?

Wann bekomme ich von meinen Kindern zu Recht Widerstand, weil ich die Grenzen meiner Sachautorität überschritten habe?

Basiert das Zusammenleben unserer Familie auf Gehorsam und damit auf angemaßter Autorität oder auf freien Vereinbarungen?

Bin ich ernstlich bereit, einige *angemaßte* Erziehungspraktiken aufzugeben und durch *partnerschaftliche* zu ersetzen?

[7] Thomas Gordon, Familienkonferenz, Hoffmann und Campe, Hamburg 1972, S. 158f.

Regel Nr. 7

Wir wollen Partnerschaft im Zeichen gegenseitiger Achtung realisieren.

Partnerschaft verlangt, sich in den anderen hineinzudenken, seine Äußerungen so zu nehmen, wie sie gemeint sind. Eltern und Kinder fallen sich nicht gegenseitig ins Wort. Sie nageln den anderen nicht auf offensichtliche Widersprüche fest. Jeder ermöglicht dem anderen, ihm gegenüber seine Auffassungen zu modifizieren. Jede abfällige Kritik, Hohn, Spott und Sarkasmus zerstören das dialogische Verhältnis zwischen Eltern und Kindern, Lehrern und Schülern. Ganz davon abgesehen, daß im Spott und im Sarkasmus die Überheblichkeit deutlich wird. Gegenseitige Achtung demonstriert *Gleichwertigkeit.* Abfällige Kritik, Hohn, Spott und Sarkasmus sind Überlegenheitshaltungen. Der Kampf- und Machtcharakter wird deutlich. Einer will herrschen, der andere soll sich fügen. Das Ergebnis ist: der Jugendliche hat keine Achtung vor den Eltern, geben die Eltern nach, haben die Eltern keine Achtung vor sich selbst. Gegenseitige Achtung heißt aber: Angst vor der Würde des anderen haben und *Selbstachtung* besitzen. Die Selbstachtung ist die Grundvoraussetzung zur Achtung anderer. Wer sich nicht achtet,
- fühlt sich dem anderen unterlegen,
- kann ihn nicht gleichwertig behandeln,
- reagiert leicht gedemütigt und verletzt,
- handelt nicht aus einer Position des Selbstvertrauens, sondern der Schwäche.

Wer sich selbst achtet, handelt aus Festigkeit und begegnet dem anderen mit Güte. Ohne innere Festigkeit, keine Güte und Toleranz.

Eltern und Kind demonstrieren Stärke

Ursula, 13 Jahre alt, hat die Schularbeiten nicht gemacht. Sie ist über Nacht in die Pubertät gekommen und hat Schwierigkeiten mit sich. Sie trotzt gegen die Eltern, trotzt gegen sich, gegen die Welt, gegen alles. Die Eltern sind Auflehnung und Ungehorsam nicht gewohnt und kämpfen mit allen Mitteln dagegen an. Vater und Mutter haben sich gemeinsam gegen die Tochter verbündet. „Wenn du die Schularbeiten nicht machst, kriegst du 14 Tage keinen Ausgang. Wir wollen doch mal sehen, wer hier bei uns bestimmt," sagt der Vater. Die Mutter gibt dem Vater Schützenhilfe: „Du wirst schon sehen, wohin du mit deinem Trotz kommst. Bilde dir nicht ein, daß du uns damit in die Knie zwingen kannst!"
Ursula holt tief Luft und sagt gar nichts. Jetzt wird sie die Schularbeiten erst recht nicht machen. Sie fühlt sich mißachtet und mißverstanden. Die Eltern demonstrieren Stärke und die Tochter demonstriert Stärke. Der Fehdehandschuh ist geworfen und aufgegriffen. Kampf aber löst keine Probleme.

Was können die Eltern tun?
Die Tochter will keine Schularbeiten machen.
Vater: „Ursula, ich habe den Eindruck, du bist unglücklich. Möchtest du darüber reden? Oder können wir dir irgendwie helfen?"
Die Eltern signalisieren Verständnis und Bereitschaft zu helfen. Sie demonstrieren weder Überlegenheit noch Unterlegenheit, sie haben Achtung *vor sich* und Achtung *vor dem Kind.* Auf dieser Ebene können Probleme angesprochen und gelöst werden. Die *Gleichwertigkeit* der Personen verhindert Gefühle der Wut und des Trotzes. Die Beziehung ist entspannt.

FRAGEN ZUR SELBSTPRÜFUNG

Nehme ich mir die Zeit, mich in den Jugendlichen und seine Welt hineinzudenken?

Kann ich mich in die Gefühls- und Erlebniswelt des Jugendlichen hineinversetzen?

Bin ich überhaupt bereit, die für mich oft fremde Denk- und Gefühlswelt zu akzeptieren?

Neige ich aus Schwäche und Unterlegenheitsgefühl dazu, mit bissiger Kritik und Sarkasmus den Kindern zu begegnen?

Kann es sein, daß der Jugendliche uns nicht ernst nimmt, weil wir ihm demonstriert haben, daß wir seine Vorstellungswelt ablehnen und madig machen?

Reagiere ich darum gegenüber den Kindern von oben herab, bissig und abweisend, weil ich mich ihnen unterlegen fühle?

Wenn ich mich den Kindern unterlegen fühle, welche Gefühle beschleichen mich?

Wenn ich mich als Kind den Eltern nicht gleichwertig fühle, was geht in mir vor und welche Wünsche und Bedürfnisse hege ich?

Regel Nr. 8

Vergangenes muß begraben sein. Wir bemühen uns, keine Schandtaten und Sünden von gestern aufzuwärmen.

Warum ist das wichtig?
Wer nicht vergessen kann, kann auch nicht vergeben. Wer nicht vergeben und vergessen kann, kann nicht lieben. Liebe lebt von der Vergebung. Denn die *Vergangenheit* mit ihren Fehlern und Mißgriffen können wir nicht ändern. Was geschehen ist, können wir nicht rückgängig machen. Aber wir können eins tun: die Vergangenheit wie ein altes Kleid abstreifen, die Vergangenheit ruhen und die Vorwürfe und Anklagen von gestern verstummen lassen.

Frau Müller hat ein teuflisch gutes Gedächtnis

Frau Müller ist 10 Jahre verheiratet. Aber sie hat ein teuflisch gutes Gedächtnis. Alle Bosheiten und Lieblosigkeiten speichert sie im Kopf, um zu unpassender Zeit ihren Partner damit zu treffen. Wie die Perlen auf einer Schnur, reiht sie Fehler an Fehler. Frau Müller sieht zuerst immer die Fehler, von den positiven Ereignissen schweigt sie. Ihr Mann reagiert heftig: „Du meckerst nur einmal, und das ist immer."
Sie: „Das habe ich mir vor 10 Jahren auch nicht träumen lassen, daß ich an einen Mann geraten würde, der mehr Wünsche unbefriedigt läßt als er erfüllt. Die Zahnpastatuben hast du bei deiner Mutter nicht verschlossen, und bei mir tust du es erst recht nicht. Jeden Morgen liegen im Waschbecken deine Haare, und die schmutzige Wäsche fliegt da herum, wo du sie ausgezogen hast. Vom Kaffeeschlürfen will ich erst gar nicht reden. Und dann das verfluchte Rauchen im Wohnzimmer. Mußt du die Kippen liegenlassen, wo du abends das Zimmer verläßt?"
Er: „Soll ich dir mal was sagen: Wenn du mich auch nur *einmal*

liebevoll bitten würdest, ließe ich es sein. Aber dein elendes Gekeife macht mich trotzig."

Schandtaten von gestern hervorzukramen, ist ein beliebtes Ehe- und Familienkampfspiel. Ein Partner will den anderen *treffen.* Ein Glied will das andere kritisieren und herabsetzen. Das Kramen in der Mottenkiste ist ein sicherer Weg, die Harmonie in der Familie zu zerstören. Ein Glied fühlt sich angegriffen, sinnt auf Rache und schießt zurück. Laut oder leise geht der Familienkrieg weiter. Wer dagegen die Fehler von gestern ruhen läßt, glaubt an einen Neuanfang. Und wer den Neuanfang glaubt, ermutigt jedes Familienmitglied, mit ihm vertrauensvoll zu kooperieren. Wer Vertrauen schenkt, läßt die Vergangenheit ruhen.

FRAGEN ZUR SELBSTPRÜFUNG

Was will ich damit bezwecken, daß ich wiederholt Untaten meines Partners oder Fehler meiner Kinder aus der Versenkung hervorhole?

Will ich ihnen zeigen, daß sie sich noch mehr anstrengen müssen, meinen Vorstellungen gemäß zu leben?

Muß ich den anderen demonstrieren, daß ich über ihnen stehe, weil ich vergangene Mängel ans Licht zerre?

Will ich mich an einem Familienmitglied rächen, daß ich ihm vergangene Schulden vorrechne?

Sucht die Familie einen Sündenbock, den sie für alle Disharmonie im Zusammenleben verantwortlich macht?

Regel Nr. 9

Jedes Familienmitglied entscheidet selbst, was es tun will. Jedes Verhalten, ob bewußt oder unbewußt, wird als Folge einer Entscheidung gewertet.

Der Mensch ist ein Entscheidungen treffendes Wesen. Auch wer keine Entscheidungen trifft, hat sich entschieden. „An ihren Früchten werdet ihr sie erkennen," sagt schon das Neue Testament. Unser Tun und Lassen kennzeichnen das, was wir uns vorgenommen haben – bewußt oder unbewußt. Denn in allem handelt der Mensch so, *als ob* er genau wüßte, was ihm vorschwebt. Unsere schlechte Stimmung ist die Folge unserer Entscheidung. Sonst haben wir für schlechte Launen, für Ärger, für Stimmungen und Mißmut ständig eine Entschuldigung. Meinen Ärger, meine Wut und meinen Jähzorn erzeuge ich selbst. Ich habe mich dafür entschieden. Das Sprichwort betont ausdrücklich: Zum Ärgern gehören zwei. Der eine kann mich nur ärgern, wenn ich mich ärgern lasse. Selbst Angst ist eine Entscheidung. *Ich* reagiere mit Angst und habe mich für dieses Verhalten entschieden.

Mark will nicht essen

Die Familie ist vollständig am Tisch. Nach einer Minute legt der Jüngste Messer und Gabel beiseite. Der siebenjährige Mark möchte nicht essen. Die Mutter überredet das Kind, wenigstens das Gemüse zu essen. Der Vater erklärt dem Kind, daß das Fleisch hervorragend schmeckt. Der älteste Bruder sagt: „Stell dich nicht so an." Alle Vermittlungen sind falsch. Mark hat sich entschieden, nicht zu essen.
Was können Sie tun? Alle Familienmitglieder respektieren die Meinung von Mark. „Wenn du nicht essen möchtest, kannst du schon ins Kinderzimmer gehen. Um 18 Uhr heute abend gibt es die nächste Mahlzeit."

Das ist eine logische Konsequenz. Jeder der Familie behandelt den anderen mit Respekt. Wir achten die persönlichen Bedürfnisse, solange sie nicht das Gemeinschaftsgefühl der Familie blockieren. Denn die Spielregel lautet nicht: In der Familie kann jeder frei drauflos entscheiden. (Vergleichen Sie auch Regel 18.)

FRAGEN ZUR SELBSTPRÜFUNG

Kann ich die Entscheidungen meines Partners oder der Kinder akzeptieren, ohne mich gekränkt und angegriffen zu fühlen?

Habe ich die Entscheidung *sachlich* getroffen, oder wollte ich einem anderen Familienmitglied Stärke demonstrieren, wollte ich ihnen zeigen, daß ich machen kann, was ich will?

Was tue ich, wenn ein Mitglied der Familie Entscheidungen trifft, die für mich schwer einfühlbar sind?

Schimpfe und argumentiere ich dagegen?

Versuche ich, das Mitglied wortgewaltig umzustimmen?

Verhänge ich womöglich Sanktionen?

Was hindert mich, die Entscheidungen ohne Zorn und Eifer hinzunehmen?

Regel Nr. 10

Wir wollen uns in der Familie nicht vergleichen.

„Eifersucht ist eine Leidenschaft, die mit Eifer sucht, was Leiden schafft." Ein Hauptmotiv der Eifersucht ist das „Sichvergleichen". Es gibt Ärger und schürt den Haß.
„Karl konnte schon das kleine Einmaleins, bevor er zur Schule kam."
„Gert war mit 11 Monaten schon sauber und brauchte keine Windeln mehr."
„Der Vater ist wirklich der Fleißigste von uns allen."
„Wenn du dich so anstrengst wie Erika, kommst du gut in der Schule zurecht."
Das Sich-vergleichen wirkt wie ein gefährlicher Bazillus im Menschen und im Zusammenleben. Denn aus dem eifersüchtigen Vergleichen werden falscher Ehrgeiz, Konkurrenzsucht, Rivalität, Haß und Überlegenheitsstreben geboren. Nicht umsonst schildert die Bibel gleich zu Anfang nach der Vertreibung aus dem Paradies den ersten Mord der Weltgeschichte. Der älteste Bruder schlägt den jüngeren während des Gottesdienstes tot, weil er sich benachteiligt fühlt. Ackerbau und Viehzucht, Erfolg und Mißerfolg werden von beiden miteinander verglichen. Jeder hält sich, seine Produkte und das Erstgeburtsrecht für wichtiger, und aus Enttäuschung und Neid schlägt einer dem anderen den Schädel ein.
Wir müssen lernen, daß jeder Mensch seine ihm eigenen Fähigkeiten besitzt, daß sein Beitrag wichtig ist und nicht mit anderen verglichen werden darf. Die Familie ist ein kleiner Organismus. Jedes Glied hat seinen Wert. Wie könnten wir sonst geistig, seelisch und körperlich Behinderte ernst nehmen und ihnen einen festen Platz in unseren Familien und Häusern zuweisen? Alle Menschen haben nicht die gleichen Gaben, auch nicht die gleichen Chancen, aber alle sind untereinander *gleichwertig.*

Sich vergleichen gibt Ärger

Bernd geht zum Kindergarten. Seine Mutter ist stolz auf ihren Jüngsten, den einzigen Sohn ihrer vier Kinder. Alle Leistungen und Fähigkeiten überwacht sie mit Argusaugen. Mit großen Erwartungen begleitet sie sein Leben. Um seinen geistigen und körperlichen Entwicklungszustand zu überprüfen, vergleicht sie ihn ständig mit anderen Kindern.

„Kann Ihr Kind sich auch schon allein die Schuhe schnüren und den Mantel anziehen?"

„Aha, heute habt ihr Tiere gemalt. Was hat die Kindergärtnerin denn zu deinem Bild gesagt?"

„Wurde dein Bild auch an die Wand geheftet, daß es alle sehen können?"

„Wer ist denn von euch Jungs am stärksten?"

„Kannst du auch so schnell laufen wie der Frieder?"

Von morgens bis abends wird Bernd mit anderen Kindern verglichen, die schneller oder langsamer, dümmer oder klüger, tapferer oder feiger, geschickter oder ungeschickter als er sind. Bernd erfährt nicht *an sich,* daß er fähig und tüchtig ist, daß er das Leben meistert, sondern nur im Verhältnis zu anderen.

FRAGEN ZUR SELBSTPRÜFUNG

Wozu vergleiche ich mich mit meinem Mann, mit meiner Frau, mit meiner Schwester, mit meinem Bruder?
Will ich meine Überlegenheit zur Schau stellen?
Habe ich das Bedürfnis zu zeigen, was ich kann?
Fühle ich mich ein wenig beachtet, daß ich auf meine Leistungen aufmerksam machen muß?
Welche Gefühle beschwöre ich herauf, wenn ich mich mit anderen Menschen vergleiche?
Möchte ich gelobt werden, wenn ich meine Fähigkeiten gegenüber anderen herausstreiche?

Regel Nr. 11

Wir wollen nicht *übereinander sprechen,* wir wollen *zueinander sprechen.*

Warum ist das übereinander sprechen so destruktiv? Wenn wir übereinander sprechen, machen wir das meistens hintenherum, wir bemühen dritte. Der Abwesende wird dazwischengenommen. Wir fallen über ihn her und stellen uns über ihn. Auf der anderen Seite nehmen wir es mit der Wahrheit nicht genau. Reden wir über ihn, kann er sich nicht verteidigen. Wir beschönigen unsere Position und verschärfen sein Negativbild.
Übereinander sprechen untergräbt das gegenseitige Vertrauen. Es ist unehrlich und heuchlerisch. Zudem hat der Betroffene keine Möglichkeit, sich entsprechend zu verteidigen.

Was können wir tun?
Die Aussprache im Familienrat (Regel Nr. 3) ist die konstruktive Kommunikationform, das Vertrauen wieder herzustellen, Vorwürfe abzubauen und berechtigte Bedürfnisse anzumelden. Hilfreich ist es, im Ich-Stil zu sprechen, die eigene Betroffenheit zu artikulieren und nicht die lieblose Anklageform zu wählen. Schon das Neue Testament wies vor einigen tausend Jahren auf diese Gesprächsform hin, als es formulierte: „Sündigt aber dein Bruder, so gehe hin und halte es ihm vor, zwischen dir und ihm allein. Hört er dich, so hast du deinen Bruder gewonnen.
Hört er dich nicht, so nimm noch einen oder zwei zu dir, auf daß jegliche Sache stehe auf zweier oder dreier Zeugen Mund" (Mt 18,15–16).
Die Reihenfolge ist also klar: Zunächst sprechen wir mit ihm selbst und dann im Rahmen der Zeugen, bzw. der Familie.

Petzen ist unfair

Das Kind beschwert sich bei der Mutter über den Vater, die Mutter kritisiert den Vater bei der ältesten Tochter. Der Mann geht zur Schwiegermutter und enthüllt seine Unzufriedenheit. Der Sohn verpetzt seine Schwester bei den Eltern. Es sind in vielen Familien praktizierte Spiele, die erheblich dazu beitragen, das Klima zu verschlechtern.
Ich kenne einen Lehrer, der bei Kindern, die petzen wollten, sofort mit der Bemerkung reagierte: „Petzen ist unfair" oder „Petzen ist lieblos, es tut dem anderen weh, er kann sich nicht verteidigen."
Nicht selten erlebe ich in der Beratung, daß Partner übereinander herfallen, wenn der andere nicht dabei ist. Diese Praxis vergrößert die Störungen in der Ehe.
Ich sehe Herrn X vor mir, ein Mann in den besten Jahren, der beruflich Karriere gemacht hat und nicht mehr mit seiner Frau zurechtkommt. Er schneidet sie einfach und klammert sie in seinem Leben – wo er kann – aus. Sie fühlt sich auf gemeine Weise vernachlässigt und lieblos behandelt. Der Mann nutzt die Gelegenheit, die Tochter auf seine Seite zu bringen und zieht sie ständig ins Vertrauen, wenn es um Verhaltensweisen der Mutter geht.
Die Ehefrau buhlt um das Wohlwollen des ältesten Sohnes, der sich aber nach Möglichkeit aus dem „Streit" heraushalten will. Die Folge ist, daß die ganze Familie im Kampf liegt. Das Familienklima ist gestört. Die Geschwister werden gegeneinander aufgehetzt, und verstehen es nicht, sich aus dem Kampf herauszuhalten.
Ich habe eine Familienberatung nur unter der Bedingung angenommen, daß alle vier Personen zusammensitzen und ihre Probleme und Bedürfnisse voreinander ausbreiten.
Heute können alle wieder miteinander reden.

FRAGEN ZUR SELBSTPRÜFUNG

Wann habe ich in den letzten vier Wochen über meinen Vater, meine Mutter, meine Schwester oder meinen Bruder gesprochen?

Erkenne ich überhaupt in meinem Sprechen über andere ein gemeinschaftsfeindliches Verhalten?

Brauche ich die Überlegenheit, um andere herunterzumachen?

Verletze ich mit meinem Handeln jemand in der Familie oder schiebe ich den Gedanken einfach beiseite?

Kann ich mir den wirklichen Beweggrund klarmachen, warum ich es dem Betreffenden nicht selbst gesagt habe?

Habe ich Angst vor seinen Reaktionen?

Habe ich es nötig, auf seine Kosten, mir bei anderen Familienangehörigen einen Vorteil zu verschaffen?

Warum bespreche ich vieles mit meinem ältesten Sohn und nicht mit meinem Partner?

Kann es sein, daß ich mich in meiner Ehe unglücklich fühle und mein Kind als Partnerersatz benutze?

Regel Nr. 12

Wir bemühen uns, das Nörgeln am andern zu unterlassen. Jeder würdigt mit positiven Augen die Aktionen und Reaktionen der Beteiligten.

In vielen Familien wird die *Nörgelei* gepflegt. Nörgelei ist destruktive Kritik. Kritik ist wichtig und notwendig, Nörgelei und Meckerei dagegen sind höchst überflüssig. Was ist besonders negativ an der Nörgelei?

1. Sie zerrüttet die konstruktive Beziehungsfähigkeit. Die Beteiligten reagieren mißmutig aufeinander, klagen sich gegenseitig an und zerstören die Familienharmonie.
2. Der ewige Nörgler trägt zudem alle Züge eines *Tyrannen.* Er hat an allem etwas auszusetzen, nichts ist ihm recht zu machen. Die Folge ist, daß seine Partner alle positiven Bemühungen einstellen. Sie leben nach der Devise: „Ist der Ruf erst ruiniert, lebst du fürder ungeniert."
3. Der ewige Nörgler ist oft ein *Pessimist.* Er sieht die Welt, die Situation und vor allem die Menschen kritisch und negativ. Er lebt von Befürchtungen und schlechten Erfahrungen. Er läuft praktisch „seinen eigenen Ohrfeigen nach", wie Alfred Adler ihn treffend charakterisierte.
4. Der Nörgler nimmt seinen Mitmenschen nicht an wie er ist, er sieht ihn nur, wie er sein sollte.
   Damit überfordert er seine Umgebung. Vor allem Kinder fühlen sich dadurch *entmutigt.* Sie verlieren den Lebensmut, büßen die Motivation zur Arbeit, die Freude machen kann, ein.
5. Der Nörgler setzt seine Mitmenschen herab. Das ist der unverstandene Zweck seines destruktiven Verhaltens. Indem er ständig auf die Mängel und Fehler anderer aufmerksam macht, lenkt er von seinen Schwächen ab. Statt seine eigenen Sünden zu bearbeiten, bekämpft er sie in seiner Umgebung.

Was können Nörgler, Kritikaster und Meckerer tun?
Sie können sich fragen, was sie mit ihrem launischen Verhalten bezwecken wollen?
Sie können systematisch lernen, Unwichtiges von Wichtigem zu trennen. Nörgler sollten hingehen und aufschreiben, was sie am stärksten stört, was sie für unbedingt lebensnotwendig halten im familiären Bereich. Die schwarz auf weiß fixierten Gedanken sollten sie ohne Zorn und Eifer mit ihren Familienangehörigen besprechen und konstruktive Lösungen im Familienrat aushandeln.
Nörgler und Meckerer können trainieren, die Welt, den Partner, die Kinder und alle Aktionen und Reaktionen positiver zu betrachten.
Nörgler müssen lernen, erfolgsorientiert und nicht fehlerorientiert das Leben zu meistern.
Positive Augen sind uns nicht angeboren. Aus der Erfahrung mit Menschen, Dingen und Situationen bilden wir uns unser Urteil. Wir *machen* uns zu Menschen, die entweder auf Fehler oder auf Erfolge spezialisiert sind.

Der Nörgler vom Dienst

Herr B. ist „Nörgler vom Dienst". Die Bezeichnung hat ihm seine Familie verliehen. Er kritisiert alles und meckert über sämtliche Nichtigkeiten. Offensichtlich verschafft es ihm eine Befriedigung, wenn er wieder den Finger in die Wunden legen kann. Er hat drei Kinder, zwei Töchter und einen Sohn. Beide Töchter im Alter von zwölf und vierzehn Jahren sind ausgewachsene Pessimisten und Schwarzseher. Sie wetteifern mit dem Vater, wer eine Sache oder ein Ereignis schwärzer sehen kann. Nur der Sohn, der Jüngste in der Familie, zehn Jahre alt, ist ein Optimist reinsten Wassers. Der ist immer wieder bestürzt, daß selbst bei mustergültigem Verhalten, bei Noten, die nur des Lobens würdig sind, die Prophezeiungen des Vaters und seine Befürchtungen von Pessimismus nur so triefen.
Die übrige Familie schenkte dem Vater zum 40. Geburtstag u. a. einen Wandspruch: „Gönn dir was, auch wenn du in Not bist. Was hast du vom Leben, wenn du erst tot bist."
Die Familie stand um das Geburtstagskind herum und erwartete

seine Reaktion, und er sagte tatsächlich: „Wenn Ihr erwartet, daß ich mich jetzt freue, kann ich mich gleich aufgeben." Richtig. Vater B. muß sich und seiner Nörgelsucht treu bleiben. Er liebt sie und ist daran gewachsen. (Jedenfalls nach seiner subjektiven Deutung).

Ich habe in der Therapie eine andere Methode angewandt, nachdem ich die Reaktionen der übrigen Familie auf seine Meckerstrategie getestet hatte.

Ich habe ihn ernsthaft ermutigt, nur ja nicht sein Nörgeln einzustellen. Er würde sein Ich, seine Originalität und sein persönliches Leitbild „Nörgler vom Dienst" zu sein, aufgeben. Entscheidend ist, daß der Klient überzeugt ist, daß der Therapeut es ehrlich und aufrichtig meint. Diese therapeutische Methode hat nicht selten verblüffende Erfolge. Solange ein Mensch von seinem destruktiven Verhalten durch Widerrede und Madigmachen seiner Lebensüberzeugungen abgebracht werden soll, verstärken wir ihn persönlich in seiner Meinung.

Er bestätigt sich geradezu an der Widerrede und hält um so stärker daran fest.

FRAGEN ZUR SELBSTPRÜFUNG

Akzeptiere ich, daß meine Angehörigen recht haben, wenn sie mich als Nörgler und Meckerer bezeichnen?

Oder kämpfe ich mit allen mir zu Gebote stehenden Mitteln dagegen an, als Nörgler eingestuft zu werden?

Rechtfertige ich mich gegen die Vorwürfe, und habe ich das Gefühl, ich muß mich gegen die Vorwürfe verteidigen?

Was will ich mit Nörgeln erreichen? Schwebt mir eine Vollkommenheit vor, die ich bei anderen gern erreichen möchte?

Kann es sein, daß ich nörgele, um vor allem die Kinder anzufeuern, noch bessere Leistungen zu erbringen?

Habe ich schon erlebt, daß Nörgeln und Meckern in der Familie und in der Ehe genau das Gegenteil von dem erreichen, was ich mir gewünscht habe?

Wenn ich das erkannt habe, bin ich bereit, mein Verhalten in der Familie konstruktiver zu gestalten? Bin ich bereit, positive Augen einzutrainieren, die zunächst das Erfreuliche sehen und das weniger Erfreuliche und Unwichtige übersehen lernen?

Regel Nr. 13

Wir achten darauf, daß Worte und Werke im Leben übereinstimmen.

Warum ist diese Abmachung wichtig?
Viele Eltern huldigen dem Grundsatz: „Befolge nicht, was ich dir vormache, sondern handele nach meinen Worten."
Wenn aber Gesagtes und Getanes als Widersprüche signalisiert werden, kommt es zu Spannungen im familiären Ablauf.
Die Situation wird im wahrsten Sinne des Wortes *schizophren.* Die Welt ist gespalten. Und es gibt Krieg zwischen den Beteiligten.
Widersprüchliche Botschaften, die verbal oder nonverbal gesendet werden, können nicht nur das Klima vergiften, sondern die Beteiligten in der Tat *verrückt machen.*
Namhafte Forscher auf dem Gebiet der Familientherapie glauben, daß verrückte Verhaltensweisen das Ergebnis widersprüchlicher Kommunikation sind. Besonders widersprüchlich werden Kommunikationen, die verbal liebevoll, in der Tat aber lieblos ausgeführt werden.
„Mein Schatz, ich bin immer für dich da," (verbaler Teil) – „Schon wieder muß ich für den Faulpelz springen. Was der sich eigentlich einbildet, was ich den ganzen Tag geleistet habe!" (gedachter und entsprechend gelebter Teil).
Schlimm ist, daß der *gedachte Teil* überspielt wird. Er sorgt für ein unfreundliches Klima, die Kommunikation erfährt Krisen.

Was können die Beteiligten tun?
Worte und Taten überprüfen, ob sie wirklich übereinstimmen. Keine Wut und Rachegelüste im Herzen speichern, die der andere nicht hört aber ahnt. Jeder achtet auf seine Stimme, seine Gesten, sein Achselzucken, sein Seufzen, seinen Gesichtsausdruck und auf seine Gefühle, die Abwehr oder Trotz, Feindschaft oder Selbstmitleid verraten.

Hilfreich ist es auch, positive Gefühle, sowohl in Worten als auch in Taten, auszudrücken. Besonders die letzte Übung ist ein brauchbares Mittel, das Klima in Ehe und Familie zu verbessern.

Schizophrene Botschaften

Wir praktizieren eine Familiensitzung. Um den Tisch sitzen Vater und Mutter und ein 8jähriges Kind.
Einem dreijährigen Mädchen ist es langweilig, es spielt auf dem Fußboden. Immer wieder greift es aber in das Geschehen am Tisch ein und zieht die Aufmerksamkeit aller auf sich. Plötzlich sagt die Mutter: „Komm jetzt, laß mich in Ruhe!"
Das Mädchen steht auf und steht unschlüssig im Raum.
Ich: „Darf ich Ihnen bewußt machen, Frau M., was Sie eben zur Karin gesagt haben?" Die Mutter nickt.
Ich: „Sie haben der Tochter zwei entgegengesetzte Botschaften gesendet – komm jetzt, laß mich in Ruhe!"
Die unschlüssige Haltung des Mädchens dokumentiert, was in ihm vorgeht:
Soll es kommen, oder soll es die Mutter in Ruhe lassen?

Ein anderes Bild einer gegensätzlichen Botschaft bietet Jochen seinen Eltern.
Jochen ist 12 Jahre alt und sagt: „Ich möchte abends länger aufbleiben, Gerhardt und Erwin und die anderen in unserer Klasse dürfen das auch. Ich brauche nicht soviel Schlaf wie Ihr meint."
Morgens kann er nicht aus dem Bett, wenn er tatsächlich abends noch einen Kriminalfilm sehen durfte.
Seine Eltern stellen ihn zur Rede und deuten ihm den Widerspruch. Sie argumentieren gegen ihn und machen ihm klar, daß er doch seinen Schlaf braucht.
Dieser Machtkampf führt zu nichts. Jochen wird nur in seiner Vorstellung bestärkt, daß die Eltern ihn nicht verstehen. Was können die Eltern fragen, um die gespaltene Lage zu entspannen.
„Jochen, du bringst uns völlig durcheinander. Abends sagst du, du brauchst weniger Schlaf. Morgens zeigst du uns, daß dir doch Schlaf fehlt. Bitte, entscheide dich, was du möchtest, wir sprechen dann darüber.

Wenn du tatsächlich abends und morgens weniger Schlaf brauchst und dein Handeln beweist, was du möchtest, kannst du abends länger aufbleiben."

Ein drittes Beispiel, das uns in der Eheberatung häufig begegnet. Frau L. ist wütend und zieht einen unübersehbaren Schmollmund. Ihr Mann kann die Aufmerksamkeitserregung nicht übersehen. Er fragt:
„Hast du was?"
„Nein."
„Du hast doch was, man sieht es dir an!"
„Nein, was du nur denkst!"
Im Klartext heißt die Botschaft der Frau, die sich schizophren verpackt:
„Du liest einfach Zeitung, kümmerst dich nicht um die Kinder und kümmerst dich nicht um mich. Du weißt ganz genau, daß ich unzufrieden und wütend bin.
Warum tust du nichts, anstatt solche belanglosen Fragen zu stellen ‚hast du was?' "

FRAGEN ZUR SELBSTPRÜFUNG

Ist es Ihnen schon aufgefallen, daß Sie widersprüchliche Botschaften senden?

Gibt es widersprüchliche Kommunikationen, die Ihnen besonders auffallen und die Sie ernsthaft abändern wollen?

Sind Sie bereit, Ihre Kinder und den Partner gegebenenfalls auch Ihre Eltern *liebevoll* auf widersprüchliche Botschaften aufmerksam zu machen und sie im Ich-Stil weiterzureichen? (Siehe Regel Nr. 14).

Welche unausgesprochenen Absichten verbergen sich hinter Ihren widersprüchlichen Botschaften?

Können Sie Ihre unbewußten und oft unverstandenen Ziele und Wünsche klar definieren?

Sind sie bereit, diese erkannten Kommunikationswidersprüche ohne Anklage offenzulegen, um versteckte Streitpunkte im Familienleben zu verringern?

Regel Nr. 14

Alle Familienmitglieder bemühen sich, im Ich-Stil zu sprechen. Du-Botschaften sind Sündenbock-orientiert.

Es ist leicht und beliebt, Du-Botschaften auszuteilen. Du-Botschaften sind Sündenbock-orientiert. Jedes Familienmitglied sollte aber darauf achten, nicht die Aufmerksamkeit auf die Fehler anderer zu richten, sondern selbst Verantwortung zu übernehmen.

Du-Botschaften enthalten Kritik, machen den anderen runter und legen sein Versagen bloß. Wir zeigen mit einem Finger auf andere, aber drei Finger weisen dabei auf uns.

Du-Botschaften *treffen* den anderen.

Du-Botschaften *verletzen* den anderen.

Du-Botschaften rufen *Widerstand* hervor.

„*Du* bist liederlich bei der Arbeit!"

„*Du* lernst es nie, das Licht hinter dir auszumachen!"

„*Du* kannst das Streiten nicht lassen!"

„*Du* bist immer derjenige, der recht behalten will."

„*Du* zerstörst das Glück der Familie."

Du-Botschaften haben fast immer zur Folge, daß sich der Angegriffene verteidigt und selbst zurückschlägt. Ein handfester Streit ist im Gange.

Ich-Botschaften sind längst nicht so angriffig und verletzend. Während Du-Botschaften den anderen bewerten, stellen Ich-Botschaften Fakten dar.

„*Ich* finde die Arbeit nicht sorgfältig und sauber!"

„*Ich* fühle mich gestört, daß dauernd im Flur das Licht brennt!"

„*Ich* kann mir vorstellen, daß wir beide das Problem ohne Streit lösen können."

Ich äußere meine Gefühle, gebe meinen Unmut preis, versuche aber nicht, ein Familienmitglied besonders zu verletzen und anzugreifen. Die Folge wäre vermutlich ein handfester Machtkampf.

Ich-Botschaften rufen weniger Trotz und Aggressionen hervor. Sie beschreiben die eigenen Gefühle und nicht in erster Linie die Verhaltensweisen der anderen.

Heinz wird angemotzt

Heinz kommt aus der Schule. Quietschvergnügt pfeift er vor sich hin und knallt im Flur seiner Eltern den Tornister in die Ecke. Seinen Parka reißt er vom Körper und feuert ihn hinterher. „Für heute ist Feierabend!", ruft er noch. Da ist auch schon seine Mutter da, die wütend ihre Hände in die Seiten steckt und lospoltert.

„*Du* hast überhaupt keinen Anstand. Was fällt dir ein? Es ist eine bodenlose Gemeinheit, deine Schulsachen einfach in den Flur zu werfen!"

„*Du* hast ja gar keine Ahnung, was in der Schule los war!"

„Das interessiert mich wenig, du hebst sofort deine Sachen wieder auf! Verstanden?"

„*Du* mit deiner verdammten Pingeligkeit!"

„Ich möchte mal wissen, ob du dir das bei irgendeiner Mutter deiner Klassenkameraden erlauben könntest?"

„Auf keinen Fall stellen die sich so beschissen an wie du!"

„Was ist das für ein Ton, mit dem du mit mir sprichst!"

„Und wie hast du mich angemotzt!"

Eine typische Szene, die sofort zur heftigen Auseinandersetzung führte.

Was hätte die Mutter anders machen können, um den Machtkampf nicht anzuheizen?

Junge: „Für heute ist Feierabend!"

Mutter: „Du bist heilfroh, daß du die Schule für heute hinter dir hast!"

Junge: „Ja, das ist 'ne Wohltat!"

Mutter: „Wenn du dann noch schnell deine Sachen an Ort und Stelle legst, bin ich auch glücklich, du weißt ja, ein unaufgeräumter Flur, das macht mir Kopfschmerzen."

Heinz: „Selbstredend!"

Mutter hat Verständnis für Heinz, der nach der Schule richtig aufatmet und allen „Ballast abschüttelt". Sie geht einfühlsam mit ihm um und läßt sich durch seine Handlungen nicht provozieren. Heinz honoriert das sofort. Deutlich wird: Du-Botschaften wirken spannungsverschärfend, der Angeschossene holt sofort zum Gegenschlag aus. Beide Partner verletzen sich.

FRAGEN ZUR SELBSTPRÜFUNG

Will ich mit Du-Botschaften entblößen?
Kann es eine versteckte Form der Rache sein, ein Familienmitglied herunterzusetzen?
Benutze ich Du-Botschaften, um meinen Ärger und meine Enttäuschung loszuwerden?
Erlebe ich es schon als eine Form des Machtkampfes, daß sich zwei Partner in der Familie mit gegenseitigen Du-Botschaften heruntersetzen?
Welche Folgen rufen meine Du-Botschaften hervor?
Bin ich bereit, Ich-Botschaften einzuüben?
Bin ich bereit, Ich- und Du-Botschaften innerhalb des Familienrates zum Gespräch zu erheben?

Regel Nr. 15

Als Familienmitglieder wollen wir aneinander glauben. Damit werden wir uns gegenseitig ermutigen.

In der Regel stecken zwei Schwerpunkte: An jemand *glauben* und sich gegenseitig *ermutigen.* Beide Verhaltensmuster ergänzen und bedingen sich. Das Ethymologische Wörterbuch weist uns den Weg, was das Wort *Glaube* alles beinhaltet.
Wer an den Partner glaubt, *vertraut* ihm.
Wer an den Partner glaubt, *liebt* ihn.
Wer an den Partner glaubt, *heißt ihn gut.*
Wer an den Partner glaubt, *traut ihm.*
Wer an den Partner glaubt, *hält ihn für wertvoll.*
Wer an den Partner glaubt, *macht ihm Mut.*
Diese Aussagen über den Glauben an den Menschen, und zwar an den nächsten Familienangehörigen, zeigen, wie löcherig unsere zwischenmenschlichen Beziehungen sind. Wer seinen Partner liebt, der glaubt an ihn, komme was da wolle. Das klingt überzeugend, ist aber nicht selbstverständlich.
Wer an seinen Partner glaubt, zeichnet ihn aus, er verläßt sich rückhaltlos auf ihn und schenkt ihm ein hohes Maß an Vertrauen. Dieser Vertrauensbonus und Vertrauensvorschuß machen sich bezahlt. Dieser Vertrauens- und Liebesbeweis *ist Ermutigung.* Nicht umsonst formulierte der belgische Kardinal Suenens: „Die Kunst zu ermutigen, ist eine der Möglichkeiten aufmerksamer Nächstenliebe."
Wer an sein Kind oder seinen Partner glaubt, steht ihm zur Seite, strahlt Zuversicht aus und hat die feste Überzeugung, daß jeder Versuch Erfolgschancen in sich birgt. Die Fähigkeit zu ermutigen ist die Fähigkeit, Selbstvertrauen einzuflößen. Die treibende Kraft jeder Entwicklung ist *Mut.* Niemand erwirbt sich Kenntnisse und Fähigkeiten, wenn er nicht fühlt, daß er dessen fähig ist.

Ich bin mit meinem Latein am Ende

In der Beratungspraxis gestehen mir nicht selten Eltern, daß ihre Beziehungen zum Kind gestört sind. Mangelnder Glaube spiegelt sich in folgenden Äußerungen wider:
„Unsere Angelika schafft es in der Schule niemals, ich traue ihr das einfach nicht zu."
„Wenn ich mir die Schulleistungen ansehe, könnte ich verzweifeln, kein bißchen Ehrgeiz, kein Interesse. Auf der ganzen Linie Abwehr. Ich weiß nicht, was ich machen soll."
Ein Vater sagt: „Ich bin mit meinem Latein am Ende. Ich habe schon oft zum Ulrich gesagt: ‚Mach, was du willst, es hat ja doch alles keinen Zweck mehr.'"
Diese Äußerungen sind nicht nur problematisch, sie sind erzieherisch sehr gefährlich. Die Eltern behaupten zwar, daß sie ihre Kinder lieben, aber sie glauben nicht an sie. Mangelnder Glaube *entmutigt*. Er lähmt die Lernbereitschaft und untergräbt das Selbstvertrauen. Die Folge ist: Kinder geben sich auf, verzweifeln an sich und ihren Fähigkeiten. Sie lassen ihren Mut sinken, produzieren Angst und sind plötzlich blockiert, Lernstoff aufzunehmen.
Der Kriminelle in unserer Gesellschaft ist ein Musterbeispiel dafür. Er gerät ins Abseits und kämpft gegen alles Geordnete, weil er sich ausgestoßen fühlt. Niemand glaubt an ihn und niemand glaubt ihm.
Bei vielen Schulversagern ist es ähnlich. Sie geraten immer tiefer in den Zweifel und in die Verzweiflung, weil niemand an sie glaubt. Ihre Bemühungen führen ja doch zu nichts. Warum sollen sie dann noch arbeiten?

Was können Eltern gezielt tun?
- Sie nehmen das Kind, wie es ist, nicht wie es sein sollte;
- sie schätzen es mit seinen Eigenarten, Fehlern und Schwächen.
- sie schütteln nicht ständig den Kopf und signalisieren Zweifel und Mißtrauen;
- sie überprüfen ihren eigenen Ehrgeiz und ihre Maßstäbe, ob sie eventuell das Kind damit überfordern und unbewußt mißachten. Denn je höher die gesteckten Ziele der Eltern, auch wenn sie nicht deutlich ausgesprochen werden, desto größer

die Mutlosigkeit. Mutlosigkeit ist immer ein sicheres Indiz dafür, daß sich das Kind nicht genügend geachtet weiß.
Auch die *Enttäuschung* der Eltern ist fast immer ein Beweis dafür, daß sie zu hohe und falsche Erwartungen gehabt haben;

- sie benutzen Formulierungen, die das Selbstwertgefühl stärken. Jede Freude stärkt die Selbstachtung. Jede Bestätigung fördert das Selbstvertrauen.
  „Du schaffst das schon. Nach jedem Versuch wird es besser!"
  „Wenn ich deine Mathematikfähigkeiten in der letzten Woche beobachte, du hast kleine Fortschritte gemacht. Es geht etwas besser."
  „Versuch' es weiter, dir gelingt es bestimmt. Gib nicht auf!"
  Wer an das Kind glaubt, plant Rückschläge mit ein. Sie gehören zum Leben und zum Einüben von Fähigkeiten dazu;
- sie überprüfen ihren *Pessimismus*, den Wegbereiter der Entmutigung. Pessimismus ist ein sicherer Weg zur *Entmutigung*. Der Pessimist ist ein Schwarzseher und Befürchter. Er malt die Tragödien an die Wand, sieht sie von allen Seiten hereinbrechen. Wer selbst hohe und höchste Erwartungen an sich und andere stellt, wird ohne Pessimismus nicht leben können;
- sie überprüfen ihre Klagen und *Anklagen* gegen schlechtes Benehmen des Kindes. Kinder, die sich schlecht benehmen, sind besonders entmutigt. Unglücklicherweise werden aber Kinder, die aus der Rolle fallen, besonders hart konfrontiert, erfahren Anklagen und Vorwürfe und reagieren ebenso boshaft und entmutigt. Kinder, die sich schlecht benehmen, fühlen sich in der Regel schlecht. Sie leiden an sich und erfahren keine Annahme. Außerdem entmutigen sie die Erwachsenen.
  Der Friede in der Familie gelingt nur, wenn sich Eltern und Kinder partnerschaftlich und gleichwertig aufeinander einlassen, sich nicht bekämpfen und zufriedenstellende Lösungen für alle Parteien suchen.

FRAGEN ZUR SELBSTPRÜFUNG

Kann ich dem Kind vermitteln: So, wie du bist, bist du gut genug?

Kann ich dem Kind vermitteln: So, wie du bist, wirst du von mir anerkannt, geliebt und wert geachtet?

Welche Punkte sind es, die mir den Glauben an den anderen rauben?

Sind die Punkte meiner Meinung nach berechtigt, oder bin ich nur fest davon überzeugt, weil ich von meinen Maßstäben nicht abrücken kann?

Kann ich mein Kind lieben, wenn ich nicht an mein Kind glaube?

Will ich mein Kind kritisieren oder ermutigen?

Warum kommen mir negative Formulierungen leichter über die Lippen als positive?

Bin ich ein Pessimist, der dazu neigt, Befürchtungen an die Wand zu malen?

Was kann ich gezielt tun, um meine negativen Erwartungen abzubauen?

Ist mir schon *aufgefallen,* daß pessimistische Formulierungen meine Kinder entmutigen?

Bin ich bereit, meinen pessimistischen Sprachschatz zu überprüfen und eine Woche lang pessimistische Formulierungen aufzuschreiben und dann zu verändern?

Regel Nr. 16

Wir wollen Partnerschaft im Zeichen der Gleichwertigkeit realisieren.

Jeder in der Familie ist anders. Andersartigkeit ist Schicksal und ist naturgegeben. Jeder Mensch ist ein Original. Kinder und Erwachsene sind keine 08/15-Typen, keine auf Leisten gezogene Einheitsmenschen. Das bedeutet Reichtum und Konflikt zugleich. Unterschiede von Kindern und Erwachsenen können wir nicht wegdiskutieren. Wer sie verschleiert und verharmlost, tut sich und den heranwachsenden Kindern einen schlechten Dienst.

Darum geht es in unserer Familie und in unserer Gesellschaft auch nicht um *Chancengleichheit*, sondern um *Gleichwertigkeit*. Feindseligkeiten zuhause und in der Schule werden nur dann aufhören, wenn wir und die Kinder als gleiche Partner am Entscheidungsprozeß in den verschiedensten Situationen beteiligt sind. Gleiche Partner sind nicht gleich an Größe, Alter, Position und Intelligenz. Es bedeutet: sich untereinander mit *gleichem* Respekt behandeln.Und wie sieht das aus?

- Ein zweijähriges Kind wird mit dem gleichen Respekt wie die Mutter behandelt,
- die Raumpflegerin wird mit dem gleichen Respekt behandelt wie der Vorgesetzte,
- der alte Mensch wird mit dem gleichen Respekt behandelt wie der junge,
- der behinderte Mensch wird mit dem gleichen Respekt behandelt wie der Gesunde.

Diese Gleichheit ist gemeint. Darum schrieb der Psychiater und Psychotherapeut Rudolf Dreikurs: „So lange das Ideal der gleichen Möglichkeiten anstelle einer wahren menschlichen Gleichwertigkeit gesetzt wird, wird eben durch unsere falschen Bemühungen ein Fortschritt vereitelt. Gleiche Möglichkeiten sind nicht nur ein armseliger Ersatz für wirkliche Gleichwertigkeit, sondern verhindern sie sogar."[8]

Das Hauptthema der Gleichwertigkeit ist der gegenseitige Respekt. Jede Aktivität ist wichtig. Jeder Beitrag ergänzt den anderen. Ein Orchester kann nur funktionieren, wenn alle Mitglieder sich für das *Ganze* verantwortlich fühlen. Das größte Lob, das man einem Orchester spenden kann, lautet doch wohl sinngemäß: ein einzigartiger Klangkörper. Gleichwertigkeit hat nichts mit Uniform zu tun und mit Gleichmacherei. Die Instrumente des Orchesters sind nicht gleich, sie sind sogar total verschieden. Auch Gaben und Begabungen sind verschieden. Selbstverständlich gibt es Solopartien und Glanzleistungen Einzelner. Das soll nicht verhindert werden. Das Niveau soll nicht künstlich eingeebnet werden. Das wäre ein völlig falsches Verständnis von Gleichwertigkeit. Die erzieherischen Fehler beginnen da, wo ...
bestimmte Fähigkeiten *ab*gewertet,
bestimmte Fähigkeiten *unter*bewertet,
bestimmte Fähigkeiten *über*betont,
bestimmte Fähigkeiten als *besser* oder *schlechter*,
bestimmte Fähigkeiten als *wertvoller* oder *weniger wertvoll*,
bestimmte Fähigkeiten als *nebensächlich* oder *wesentlich* herausgestellt werden.

Um im Bilde zu bleiben: Alle lauten und leisen Instrumente, die großen und die kleinen, aus Blech und aus Holz, sind gleichwertig, um das schöne Zusammenspiel und den Klangkörper zu garantieren.

Es ist keine Frage, daß diese Voraussetzung an Eltern und Erzieher hohe Anforderungen stellt. Wir leben in einer Konkurrenzgesellschaft, wo einer den anderen übertrumpfen will, wo einer besser sein muß – wie er glaubt – als der andere. So kämpft einer gegen den anderen. Einige schaffen es hervorragend und *herausragend*, die anderen bleiben auf der Strecke. Die einen sind die Gemachten, die anderen sind die Fertiggemachten, die einen sind die Überlegenen, die anderen die Unterlegenen.

[8] Rudolf Dreikurs, Soziale Gleichwertigkeit, Klett Verlag, Stuttgart 1972, S. 221.

Chancengleichheit kontra Gleichwertigkeit

Ich spreche in einem Kindergarten. Etwa 30 Eltern – wenig Väter – sind anwesend. Das Thema: „Vererbung und Umwelt prägen das Kind." Eine engagierte Mutter zieht vom Leder: „Das hat die Forschung doch eindeutig bewiesen, daß die Umwelt das Schicksal unserer Kinder bestimmt. Wenn wir also seelische Störungen und Verhaltensauffälligkeiten weghaben wollen, brauchen unsere Kinder die gleiche Ausgangslage, die gleiche pädagogische Behandlung, gleiche Startchancen. Bitte, sehen Sie sich Arbeiterkinder und Kinder von Akademikern an! Die Chancen sind verschieden, das leuchtet doch jedem ein!"
Etliche Köpfe nicken kräftig. Ihnen leuchten die Sätze ein. *Chancengleichheit* ist in ihren Augen ein Zauberwort. Ich greife die Gespräche auf und bitte alle Beteiligten, sich eingehend zu den aufgeworfenen Fragen zu äußern. Es geht heiß her. Und das Ergebnis: Je mehr sich die Beteiligten klarmachen, wovon sie so fasziniert sind, desto mehr entpuppen sich ihre Illusionen als Wunschträume. Welche Faktoren bleiben beispielsweise unberücksichtigt:

- Das Erbgut wird nahezu als Faktor ohne wesentlichen Einfluß behandelt;
- die Eltern mit ihren unterschiedlichsten Erziehungsstilen, die Gaben fördern, hemmen und blockieren können;
- die Geschwister, die nachweislich einen großen Einfluß auf alle sozialen, emotionalen und geistigen Lebensäußerungen der Kinder haben;
- die anlagebedingten Fähigkeiten, die erhebliche Vorsprünge oder Benachteiligungen bedeuten und die gleichen Startchancen infrage stellen;
- die vielen seelischen, geistigen und körperlichen Behinderten, die im Spiegel der gleichen Startchancen völlig ohne Chance bleiben.

Die *Ungleichheit der Gleichen,* diese Beschreibung charakterisiert treffend die Erziehung im Sinne der Gleichwertigkeit. Alle sind verschieden – aber gleichwertig.
Ein Kinderlied von T. M. W. Longards beschreibt eindrücklich die Gleichwertigkeit der Menschen untereinander:

Hände können fassen und auch wieder lassen,
Augen können sehen, Füße können gehen!
Jedes Glied ist wichtig,
keins zu klein und nichtig,
ich gehör dazu, du gehörst dazu.

Sind wir auch verschieden,
keines wird gemieden,
keines bleibt allein,
jeder darf sich freun.

Tina kann gut springen,
Peter liebt das Singen,
das kann ich, das du,
jeder greift mal zu[9].

Gleichwertigkeit ist das Heilmittel gegen Rivalität, gegen ein krankmachendes Konkurrenzdenken und gegen Leistungsdruck. Die Familie lebt von den Beiträgen einzelner und von der Kreativität und Kooperation der Mitglieder. Ihre Vielgestaltigkeit ist ihr Reichtum. Das Akzeptieren aller Aktivitäten ist die Chance einer guten Gemeinschaft.

[9] Aus: „Unsere Welt – Schöpfung Gottes, Anregungen für die Praxis und Fortbildung von Erziehern", Ibbenbüren 1976, S. 167.

FRAGEN ZUR SELBSTPRÜFUNG

Können wir Jungen und Mädchen vorurteilslos gleichwertig behandeln? Oder schätzen wir Jungen höher ein? Können wir mit Mädchen besser umgehen?

Sind wir in der Lage, die verschiedenen Gaben der Kinder gleichwertig anzupacken?

Gelingt es uns, sportliche, intellektuelle und handwerkliche (manuelle) Fähigkeiten in der Familie gleichwertig anzusehen?

Leuchtet es uns ein, daß Streit, Selbstwertstörungen, Ablehnung, Haß und Unverträglichkeit in der Wertung der Bedingungen *eine* wichtige Ursache haben?

Erkennen wir, daß Kinder sich abgelehnt und ungeliebt fühlen, wenn wir nur bestimmte Fähigkeiten, Berufe und Leistungen anerkennen?

Können wir alle Beiträge, auch die unscheinbaren und „weniger wichtigen" anerkennen und honorieren?

Welche Schwäche erkenne ich bei mir, wenn es um die Respektierung der Gleichwertigkeit in der Familie geht?

Bin ich bereit, an dieser Schwäche zu arbeiten und kooperative Verhaltensmuster einzuüben?

Regel Nr. 17

Kontrolle ist gut,
Vertrauen ist besser.

Sie kennen sicher den kommunistischen Grundsatz Lenins „Vertrauen ist gut, Kontrolle ist besser". Es ist der Ausdruck des Mißtrauens und der herausgestellten Stärke. Wer so denkt, will herrschen. Eindeutig werden die anderen als Gegner definiert, denen man nicht trauen darf. Wenn ich Kontrolle in der Tat höher einschätze als Vertrauen, demonstriere ich damit mein unpartnerschaftliches Verhalten. Ich mißachte die Gleichwertigkeit, ich untergrabe die Gemeinschaft und ich zerstöre das Band der Zusammengehörigkeit.
Sprachgeschichtlich hängt *Vertrauen* mit dem Wort *trauen* zusammen. Die Bedeutung im Althochdeutschen und Mittelhochdeutschen lautet: glauben, hoffen, zutrauen.

Was kennzeichnet Vertrauen?
- Wenn ich einem anderen *zuhöre* und ihn ernsthaft zu verstehen versuche. Zuhören verschafft dem Zuhörer Empfindungen des Vertrauens und der Liebe.
- Wenn ich einen anderen verstehen lerne und seine *Besonderheiten schätze.* Er fühlt sich akzeptiert und erst genommen.
- Wenn ich einem Familienmitglied *zutraue,* seine Probleme selber anzupacken, um mit ihnen fertig zu werden.
- Wenn ich den Standpunkt des anderen respektiere, ohne ihm innerlich zuzustimmen. Wenn ich seine Gefühle akzeptiere, wie verschieden sie auch von den meinen sein mögen.
- Wenn ich allezeit *aufrichtig* mit meinen Kindern oder mit meinem Partner bin. Gespielte Freundlichkeit und Unehrlichkeit werden schnell durchschaut.
- Wenn ich nicht den Überlegenen und Allwissenden spiele, wenn ich Fehler zugebe und für meine Schwächen einstehen kann.

- Wenn ich dem Partner *mit Achtung* begegne. Achtung vor dem anderen setzt gleichzeitig *Selbstachtung* voraus. Wer Selbstachtung zeigt, strahlt Verläßlichkeit und Zuverlässigkeit aus. Sie sind der Nährboden für solides Vertrauen.
- Wenn ich mit allen Beteiligten Regeln und Entscheidungen bespreche, die nicht verordnet und übergestülpt werden. Kinder und Ehepartner fühlen sich ernst genommen. Sie reagieren mit Vertrauen. Außerdem werden Regeln, Normen und Werte auch später von Kindern *gelebt*, weil sie sie sich schon in frühen Jahren *freiwillig* angeeignet haben.
- Wenn ich vertraue, glaube ich an meinen Partner. Ich *hoffe* zuversichtlich, daß er es mit mir gut meint und daß er nichts Böses gegen mich im Schilde führt. Ich glaube an ihn und muß nicht mit versteckten Karten spielen.
- Wenn ich alle Probleme, Vorwürfe und negative Gefühle *aussprechen* kann, ohne mit allzu großer Vorsicht und falscher Rücksicht operieren zu müssen.

Der notorische Lügner

Herr und Frau Schneider suchen die Erziehungsberatung auf. Ihr zweiter Sohn Heinz ist ein „notorischer Lügner". So jedenfalls behauptet es der Vater.
„Ich kann ihm nichts glauben. Er lügt so lange, bis man ihm Stück für Stück bewiesen hat, daß seine Behauptungen samt und sonders aus der Luft gegriffen sind."
Der Vater ist Jurist und bewußter Christ. Ehrlichkeit, Aufrichtigkeit und Gesetzestreue sind seine hervorragenden Eigenschaften. Sein ältester Sohn spiegelt diese Eigenschaften wider und wird vom Vater hochgeachtet. Zwischen dem Ältesten und dem Zweiten herrscht eine verbissene Rivalität.
Vater: „Ich möchte mal gern wissen, von wem der Bursche das Lügen hat. In unserer Familie ist Lügen verpönt. Meine Frau und ich sind rückhaltlos wahrheitsliebend. Was treibt den Jungen dazu?"
Ich: „Frau Schneider, wie sehen Sie die Dinge?"
Frau: „Der Heinz ist völlig anders als der Albert. Albert ist Vaters Augenstern. Heinz dagegen mogelt sich durchs Leben, und das gelingt ihm auch. Mein Mann liegt ständig mit ihm im Streit.

Heinz ist ihm zu ungenau. Er arbeitet zu wenig, macht keine Schularbeiten und schreibt dementsprechende Arbeiten. Kommt mein Mann dahinter, ist das Donnerwetter groß. Das Vertrauen zwischen beiden ist völlig zerstört."

Ich: „Ihr Mann kommt also erst später jeweils dahinter?"

Vater: „Das ist es ja. Glauben Sie ja nicht, daß er mir freiwillig seine Arbeiten zeigt. Er rückt nur raus, wovon wir hieb- und stichfest wissen."

Das *Vertrauen* zwischen Sohn und Vater ist zerstört. Woran liegt das?

- Der älteste Sohn entspricht in seinem Wesen und Charakter besonders den Vorstellungen des Vaters. Er ist Vaters „Augenstern". Er wird wahrscheinlich *vorgezogen* und dem Zweiten – laut oder leise – als Vorbild präsentiert.
- Diese ungleiche Behandlung weckt *Neid- und Rivalitätsgefühle.* Beide Söhne liegen ständig im Streit. Der zweite fühlt sich unterlegen und in seiner das Leben genießenden Art nicht ernst genommen. Er klebt nicht an den Gesetzen, an Worten und Formulierungen. Er „mogelt sich durchs Leben".
- Je mehr der Vater diese Lebenseinstellung *diskriminiert,* desto verlogener wird der Sohn. Heinz trifft damit den Vater an der empfindlichsten Stelle. Der Sohn *rächt* sich am Vater für seine voreingenommene Haltung.
- „Notorisches Lügen" ist in der Regel die Reaktion auf eine tiefergehende *Beziehungskrise.* Vater und zweiter Sohn liegen im Kampf. Der Vater akzeptiert die Wesensart des zweiten Jungen nicht. Er möchte ihn in ein bestimmtes Schema pressen. Der Zweite rebelliert, fühlt sich ungeliebt und beantwortet das mangelnde Vertrauen mit Verhaltensweisen, die den Vater unter der Gürtellinie treffen.

Was können die Beteiligten tun?

Beide müssen ihre Beziehung abklären und verbessern. Dazu gehört, daß der Vater seine Vor-urteile revidiert. Heinz muß erleben, daß er in seiner Art geliebt und angenommen wird. Angenommensein und wertgeachtet werden schaffen Vertrauen. Vertrauen kann nicht zugesprochen, es muß *gelebt* werden.

FRAGEN ZUR SELBSTPRÜFUNG

Nehme ich mein Kind ernst und respektiere seine Wesensart oder lege ich die Meßwerte meines Vorurteils daran?

Bin ich der Meinung, daß mein Kind ein gleichberechtigter Partner ist, dem ich vertraue, oder glaube ich, daß ich mit Kontrolle sicherer fahre?

Traue ich meinen Kindern die Lösung der meisten Probleme aus eigener Kraft zu oder halte ich sie für unmündig und kontrolliere sie auf Schritt und Tritt?

Bin ich allzeit aufrichtig zum Partner, zu den Kindern und zu den Eltern oder habe ich Angst – und damit kein Vertrauen –, ihnen alles zu sagen?

Vertraue ich den Kindern und lasse Briefe und Tagebücher ungeöffnet liegen, oder kontrolliere ich, um Zweifel und Ungewißheit zu beseitigen?

Hat eins meiner Kinder aus irgendeinem Grunde Angst vor mir und damit kein Vertrauen?

Was kann der Grund der Angst sein und was gedenke ich zu tun, die Angst zu verringern?

Kann ich aus vollem Herzen sagen, daß ich an mein Kind glaube, und schaffe ich damit die günstigste Voraussetzung für gegenseitiges Vertrauen?

Kann ich ohne Ressentiments, ohne Angst und Vorbehalte zu allen alles sagen, oder muß ich meine Worte wägen und bestimmte Probleme für mich behalten?

Kann ich vertrauensvoll Fehler zugeben, oder muß ich um meine Autorität fürchten oder Angst haben, daß der andere meine Schwäche ausnutzt?

Regel Nr. 18

Jeder entscheidet für sich selbst, was er tun will.

Ein *gleichwertiger* Partner in der Familie trifft *selbständige* Entscheidungen. Es wird respektiert und fühlt sich entsprechend ernst genommen in seinen Entscheidungen. Weil er sich wertgeschätzt fühlt, kann er auch ruhig und gelassen sein Urteil fällen.
Viele Familienmitglieder glauben, sie könnten nur auf die Initiative eines anderen *reagieren.* Sie reden sich ihre Abhängigkeit selbst ein. Bei Licht besehen, haben sie sich selbst *abhängig gemacht.* Sie fühlen sich als kraftlose Marionetten und glauben, nur noch die Bewegungen ausführen zu können, die ein Elternteil oder ein Ehepartner von ihnen verlangt. Eines stimmt unwiderruflich: Wer sich als Marionette fühlt, handelt wie eine Marionette. Er hat das Heft des Handelns aus der Hand gegeben.
Ein Kind sagt: „Meine Mutter sagt mir ständig, was ich tun soll."
Die Mutter entgegnet: „Meine Tochter fragt mir tagaus, tagein ein Loch in den Bauch."
Wer hat recht? Beide. Mutter und Tochter spielen perfekt Hand in Hand. Beide machen Fehler. Das Kind fragt, die Mutter antwortet. Die Mutter antwortet, das Kind geht den leichten Weg des Fragens. Wer nur noch *reagiert,* läuft unselbständig hinter dem anderen her. Das muß nicht sein.
Wir sind für unsere Reaktionen voll verantwortlich.
Wir bestimmen, was wir tun wollen.
Wir nehmen uns vor, was wir antworten.
Wir haben es in der Hand, wie wir parieren.
Wir entscheiden, ob wir reagieren, und bestimmen selbstverantwortlich die nächsten Schritte.
Wer wirklich *frei* entscheidet, handelt *spontan.* Spontanes Handeln ist Agieren aus eigenem Antrieb, und zwar ohne Manipulation. Impulsives Handeln dagegen macht deutlich, daß sich jemand unüberlegt und gefühlsmäßig zu widersprüchlichen Reak-

tionen hinreißen läßt. Er löckt wider den Stachel und widerspricht aus Trotz. Impulsives Handeln ist in der Regel Handeln aus Abhängigkeit.

In der Familie finden sich immer wieder „Typen“ zusammen, die *abhängig* reagieren. Ihr Hand-in-Hand-Spiel ist augenfällig. Sie verkörpern

- den Kämpfer und den Nachgiebigen,
- den Tyrannen und den Sklaven,
- den Sadisten und den Masochisten,
- den Jähzornigen und den Schweigsamen,
- den Angeber und das Mauerblümchen,
- den Frager und den Antworter,
- den Aktiven und den Passiven.

Zum Kämpfen und Tyrannisieren gehören zwei. Einer beginnt, der andere läßt sich herausfordern. Einer tyrannisiert, der andere läßt sich erniedrigen. Dieses pernamente Spiel kann ich unterbrechen, wenn ich weiß, was ich will, nämlich:

Ich höre mir Vorwürfe, Provokationen und Fragen an. Aber ich bleibe ruhig und fest. Ich lasse mir das Gespräch des Angreifers nicht aufzwingen. Ich *verteidige* mich nicht und schüre den Kampf.

- Ich muß die Meinung und den Standpunkt des anderen nicht akzeptieren. Auch dagegen sprechen muß ich nicht. Keiner zwingt mich, die Argumente des anderen durch bessere überzeugend zu widerlegen.
- Ich kann mit der Formel, die die Begründerin der Themenzentrierten Interaktionellen Methode (TZI), Ruth Cohn, gefunden hat, antworten: „Ich danke dir, daß du mir das gesagt hast. Ich werde mir die Sache überlegen, aber ich bin nicht bereit, deinen Vorstellungen entsprechen zu müssen.“ Ich nehme den anderen ernst, nehme aber gleichzeitig eine feste Haltung ein. Ich achte den anderen und bewahre Selbstachtung.

Spiegelt die Regel nicht einen übertriebenen *Egoismus* wider? Diese Frage wird besonders von Christen gestellt und von Menschen, die ein starkes Verantwortungsgefühl praktizieren. Das Kerngebot des Alten und Neuen Testaments lautet: Liebe deinen Nächsten *wie dich selbst.* Selbstliebe *und* Nächstenliebe haben den gleichen Rang. Sie werden nicht gegeneinander ausgespielt. Hier geht es um die falsch verstandene Rücksichtnahme, um das falsche Verantwortungsgefühl, das gleichwertige Partner unmündig macht. Übertriebene Rücksicht versklavt auch den anderen. Ich lebe nur noch aus dem anderen, durch den anderen und im Hinblick auf den anderen. Er fühlt sich eingeengt und reagiert in der Regel mit großen *Schuldgefühlen.* Ich glaube, er braucht dringend meine Pflege und Fürsorge, und er möchte mir nicht widersprechen. Aus Angst, mir wehzutun, schweigt er und läßt sich widerspruchslos bedienen. Zwei Menschen treiben ein wenig zufriedenstellendes Zusammenspiel, weil mindestens einer die Regel nicht beachtet: *Jeder entscheidet für sich selbst, was er tun will.*

Fritz Perls, der Begründer der Gestalttherapie, faßt die Eigenständigkeit des Menschen in den schlichten Worten zusammen:
„Ich gehe meinen Weg und du gehst deinen Weg.
Ich lebe nicht in dieser Welt, um deinen Erwartungen zu entsprechen,
und du lebst nicht in dieser Welt, um den meinen zu entsprechen, ich bin ich und du bist du,
und wenn wir uns begegnen sollten – es ist wunderschön."

Was soll ich anziehen?

Frau Siebert erlebt, wie viele Mütter in der Bundesrepublik, nach dem Waschen folgendes Zwiegespräch:
Annegret: „Mutter, was soll ich anziehen?"
Mutter: „Heute ist es ziemlich kalt draußen. Zieh die blaue Cordhose an. Dazu paßt wunderbar der gelbe Pullover, du weißt schon, der mit der 13 vorn auf der Brust."
Annegret: „Nein!"
Mutter: „Warum fragst du mich denn!"
Die Frage der Mutter ist richtig und falsch zugleich. Der kleine Dialog verdeutlicht, daß Annegret die Regel nicht beherrscht, selbst zu entscheiden, was sie tun will. Erst im Gespräch mit der Mutter trifft sie ihre negative Entscheidung. Sie weiß jetzt ganz genau, was sie *nicht will.* Der Dialog demonstriert ein *Kampfspiel,* das sich täglich in vielen Familien so oder ähnlich wiederholt. „Ich weiß zwar nicht, was ich will, aber durch jede Auseinandersetzung, die ich provoziere, weiß ich, was ich nicht will."

Was ist negativ an diesem Spiel?

- Das Kind erlebt keine *Selbständigkeit* und Unabhängigkeit, es wird nicht zur mündigen und freien Entscheidung, sondern zum Widerspruchsgeist erzogen. Es wird zum Nein-Sager.
- In der familiären Kooperation und in der Zusammenarbeit draußen steht dieser Mensch leicht quer. Er arbeitet nicht konstruktiv, sondern *destruktiv* mit.
- Hinter diesem Verhaltensmuster verbirgt sich die irrige Überzeugung: Ich werde bestimmt, ich werde manipuliert, ich muß mich gegen autoritäre Strukturen zur Wehr setzen.

Für alle Familienmitglieder gilt daher die Regel, sich nicht zu Entscheidungen *für andere* manipulieren zu lassen. Die Ratschläge, so gut gemeint und fürsorglich sie auch getroffen werden, schaden der Selbständigkeit eines Familienmitgliedes.

Was kann eine Mutter sagen?

„Helga, du hast viele Sachen im Schrank hängen. Überleg', was du anziehen möchtest. Du entscheidest selbst."

Oder:

„Ich weiß, daß du eine gute Entscheidung triffst, wenn du selbständig deine Anziehsachen auswählst."

Sollte das Kind wirklich einen roten Strumpf und einen blauen angezogen haben, würde ich die Entscheidung respektieren und keine „Staatsaktion" daraus machen. Die kritischen Kameraden und Kameradinnen sind die besten Miterzieher.

Das Chamäleon

Frau Wüster ist ein offenkundiges negatives Beispiel für die oben genannte Regel. Sie weiß nicht, was sie will. Ein Blick in den Alltag veranschaulicht ihr Problem.

In der Mode hält sie sich strikt an die sogenannte *öffentliche Meinung.* Sie trägt, was *man* trägt, und kauft, was *man* kauft. Ist Lila modern, trägt sie Lila. Schließlich will sie dazugehören und nicht aus der Rolle fallen. Nicht aus der Rolle fallen, das ist ihr Hauptbestreben. Ihr verringertes Selbstwertgefühl gibt ihr den zwingenden Impuls, mit den anderen mitzuhalten. Sie wäscht, wenn ihre Nachbarn waschen, und kauft in den Geschäften, in denen ihre Nachbarn kaufen.

Allen will sie es recht machen und kommt dadurch in eine

enorme innere Spannung. Ständig fühlt sie sich hin- und hergerissen. Ihre beste Freundin hat ihr den Spitznamen „Chamäleon“ gegeben. Es handelt sich um ein Tier, das sich sofort dem jeweiligen Untergrund farblich anpaßt. Der Chamäleon-Mensch ist nicht er selbst. Er wird gelebt und handelt im Hinblick auf die anderen. Praktisch wird er ferngesteuert. Wie ein Radarsystem sind die Augen und Ohren auf die Umwelt gerichtet. Er flüchtet vor eigenständigen Entscheidungen.
Frau Wüster ergeht es ähnlich. Alle Wünsche liest sie den Angehörigen von den Lippen ab. Mit keinem möchte sie anecken und in Streit geraten. Aber sie merkt nicht, daß sie sich damit zum Sklaven ihrer Familie macht. Auf alles nimmt sie Rücksicht und alles entschuldigt sie. Und der Erfolg?

- Alle *nutzen* ihre Schwäche und Entscheidungsunfähigkeit *aus*.
- Sie hat jegliche *Selbstachtung* verloren. Alle Wünsche der anderen versucht sie zu erfüllen, für sie selbst bleibt nichts übrig.
- Sie reagiert immer *verbitterter* und schimpft auf die Undankbarkeit ihrer Umgebung, die sie nur ausnutzen und ausbeuten.
- Sie glaubt ernsthaft, daß sie von allen Familienangehörigen fallengelassen wird, wenn sie sich nicht jederzeit aufopferungswillig zur Verfügung stellt.

Frau Wüster muß lernen,

- nein zu sagen,
- sich von den Meinungen und Vorstellungen der Nachbarn und der Angehörigen frei zu machen,
- auf ihre eigenen Wünsche und Bedürfnisse mehr zu hören,
- ihre subjektiven Empfindungen für richtig zu halten und sie nicht ständig in Frage stellen zu lassen,
- die Achtung der anderen zu gewinnen, indem sie sich selbst achtet und ihre selbst gefällten Entscheidungen und Urteile bejaht. (Vergleichen Sie auch Regel Nr. 9)

FRAGEN ZUR SELBSTPRÜFUNG

Welche Überzeugung hält mich davon ab, frei und unabhängig für mich zu entscheiden?

Kenne ich das unfreie Gefühl in der Familie, nur nach der Pfeife der anderen tanzen zu müssen?

Gelingt es meinen Familienangehörigen, mich immer wieder zu unnötigen Reaktionen zu *provozieren?*

Habe ich mir schon einmal Gedanken gemacht, zu welchem Zweck ich das unfruchtbare Hand-in-Hand-Spiel aufgreife?

Habe ich das Gefühl, daß ich mich *verteidigen muß,* weil sonst mein Selbstwertgefühl ins Minus rutscht?

Gehöre ich zu denen, die durch Fragen an Eltern oder den Lebenspartner ihre Nein-Haltung profilieren wollen?

Reagiere ich in der Regel abhängig spontan oder impulsiv?

Warum neige ich leicht zu impulsiven Reaktionen?

Treffe ich darum keine Entscheidungen für mich selbst, weil ich sie für *Egoismus* halte?

An welcher Stelle, die mir nicht allzuviel Überwindung kostet, will ich mit meinem Selbstentscheidungstraining beginnen?

Regel Nr. 19

Wir wollen weder recht behalten, noch nachgeben, sondern einander verstehen und helfen.

Viele Menschen lieben das *Entweder – Oder:* Siegen oder Verlieren, Kämpfen oder Nachgeben, recht behalten oder Untergehen. Sie orientieren sich an Schwarz-Weiß-Botschaften. Ohne es zu merken, schalten sie Zwischentöne aus. Jemand steht für sie rechts oder links, auf der Seite der Wahrheit oder auf der Seite der Lüge. Er ist ehrlich oder falsch. Diese Klischees engen das zwischenmenschliche Zusammenleben ein. Wenn ich streite und kämpfe, verletze ich die Würde des anderen, wenn ich nachgebe, weil ich mich geschlagen geben soll, verletze ich meine eigene Würde. Gegenseitige Achtung verlangt, daß wir auf ein Entweder-Oder verzichten müssen.

Der Individualpsychologe Rudolf Dreikurs schreibt dazu:

„Es ist tatsächlich so, daß keine Probleme und kein Zusammenstoß, der den Frieden des Familienlebens stört, logisch auf der Basis von Recht und Unrecht verstanden werden kann. Solange das Verhältnis zwischen zwei Menschen gut ist, wird es von keinem Mißverhalten des anderen gestört. Das wesentliche ist, daß keiner der beiden sich persönlich angegriffen, übergangen, gekränkt – oder selbstgerecht überlegen fühlt. Meist sind die Argumente, mit denen wir uns zu rechtfertigen suchen, nur Waffen in einem Kampf um die Macht."[10]

Warum ist das Rechtbehaltenwollen so problematisch?

– In der Regel geht es nicht um *Tatsachen,* sondern um *Meinungen.* Eine Tatsache ist, daß der 1. Weltkrieg 1914 begann und 1918 beendet wurde. Eine Meinung ist, daß die Partei der SPD bessere Politiker habe als die CDU. Eine Meinung ist, daß Bratkartoffeln besser schmecken als Sauerkraut und Knö-

[10] Rudolf Dreikurs, Soziale Gleichwertigkeit, Klett Verlag, Stuttgart 1972, S. 140.

del, daß der Malstil des Impressionismus wertvoller sei als der des Expressionismus.

- Die Wirklichkeit ist so, wie wir sie *erleben.* Albert Einstein soll einem Durchschnittsbürger seine komplizierte Relativitätstheorie so erklärt haben:
  „Wenn Sie mit Ihrem nackten Hinterteil auf einer heißen Herdplatte sitzen, da werden die *Sekunden zu Stunden.* Wenn Sie hingegen – sofern Sie jung genug sind und von dem anderen Geschlecht angezogen werden – auf dem Schoß eines bildhübschen Mädchens sitzen, *werden die Stunden zu Sekunden.*"

Nicht die Tatsachen bestimmen unser Leben, sondern wie wir sie *deuten.* Unsere *Vorurteile* nehmen uns gefangen.

- Nicht Tatsachen und eindeutige Faktoren sollen ans Licht gehoben, sondern persönliche Überzeugungen sollen herausgekehrt werden. Wir wollen recht behalten, weil wir uns *durchsetzen* wollen.
- Wir halten unsere Meinungen für Tatsachen, weil wir ernsthaft *glauben,* daß uns sonst der andere nicht ernst nimmt. Die eigene Wertlosigkeit macht uns zu schaffen. Wir haben es daher nötig, Meinungen zu Fakten hochzustilisieren.

Du kannst nicht logisch denken!

Herr Müller hat seinen siebzehnjährigen Sohn mit in die Beratung „geschleppt". Die beiden streiten sich wie die Kesselflicker. Die Mutter läuft zu Hause aus dem Wohnzimmer, wenn sich Vater und Sohn in die Haare geraten. Herr Müller ist ein sehr gewissenhafter Postbeamter, der zuverlässig und treu seinen Dienst versieht. Er denkt geradlinig und handelt einfältig. Wegen seiner Schlichtheit und Geradheit wird er beruflich und privat geschätzt. Haarspaltereien und Schlitzohrigkeit sind ihm verhaßt. Er liebt die Wahrheit und keine Doppeldeutigkeiten. Sein Sohn dagegen ist ein Filou. Er geht zum Gymnasium, kann hervorragend diskutieren und versucht, in Gesprächen Oberwasser zu behalten. Er versteht es, durch schillernde Berichte seinen Vater auf die Palme zu bringen. Beide sitzen sich dann wie Kampfhähne gegenüber.
Ich frage beide: „Was führt Sie zu uns?"
Vater: „Mein Sohn versucht, mir dauernd zu beweisen, daß er im Recht ist, obschon er die Unwahrheit gesagt hat."

Der Sohn beugt sich über den Tisch und fährt den Vater an: „Beweise mir, daß ich die Unwahrheit gesagt habe. Du glaubst das nur. Du kannst nicht differenziert genug logisch denken."
Ich: „Sie haben beide sicher eine bestimmte Situation vor Augen. Können Sie mir ein Beispiel erzählen?"
Der Vater nickt selbstbewußt, weist den Sohn zurecht und sagt: „Laß mich mal erzählen. Vorgestern abend war es wieder soweit."
Sohn: „Was war soweit?"
Vater: „Daß du mich belogen hast."
Sohn: „Mein Vater ist wirklich ehrenwert, das kann ich bezeugen. Aber bestimmte Zusammenhänge sieht er logisch anders."
Vater: „Nun laß mich mal. Du wirst schon sehen, was Herr Ruthe dazu sagt. Also, ich frage ihn, ob er seine Mathematikarbeit schon wiederbekommen hat. Er sagt kaltschnäuzig: Nein."
Ich: „Und?"
Vater: „Gestern stellt sich heraus: Als sein Freund zu Besuch war, der in die gleiche Klasse geht ..."
Sohn: „In *die selbe* Klasse."
Vater: „Meinetwegen – sehen Sie, das sind diese Klugscheißereien. Was wollte ich sagen, von dem hörte ich da, daß er die Arbeit *doch* zurückbekommen hatte."
Sohn: „Nun laß mich mal! Die Sache verhält sich *objektiv* so: Wir haben die Arbeiten nicht zurückbekommen. Der Lehrer hat uns lediglich die Noten gesagt. Habe ich gelogen, ja oder nein? Ich habe zu Recht Nein gesagt."
Vater: „Sehen Sie, um solche Sachen kriegen wir uns täglich in die Haare. Er lügt und will mir beweisen, daß es keine Lüge war."
Was spielt sich zwischen Vater und Sohn ab?
- Der Vater ist ein einfältiger, klarer Denker. Die spitzfindigen Unterscheidungen seines Sohnes rufen helle Empörung in ihm hervor.
- Der Sohn ist ein ausgekochtes Schlitzohr. Er kennt die Schwachstellen seines Vaters und nutzt sie weidlich aus. Vermutlich lügt er wirklich nicht, genießt aber den Triumph der Überlegenheit.
- Vater und Sohn liegen im harten *Machtkampf*. Der Vater kennt nur seine eindeutige Rechtschaffenheit, und der Sohn beweist ihm, daß die simpelsten Sachen oft doppelbödiger

sind. Der Sohn, der nicht nachgeben will, versucht den Vater mit sprachlichen Spitzfindigkeiten auszutrixen.

- Der Fehler des Vaters ist, daß er naiv und ehrlich behauptet, der Sohn lüge, statt zuzugeben, daß ihm die sprachlichen Haarspaltereien Schwierigkeiten machen und einem Machtkampf aus dem Wege geht.

Was kann ich in der Familie verbessern, wenn es um Rechthaberei geht?

- Statt Behauptungen aufzustellen, bemühe ich mich zu sagen:
  Es scheint mir,
  ich habe den Eindruck,
  mir kommt vor,
  ich könnte mir denken,
  meiner Ansicht nach.
- Ich kann systematisch üben, konstruktiv anderer Meinung zu sein. „Das helle Rot des Wagens erscheint *mir* zu aggressiv. Ich würde ein Orange vorziehen."
- Ich kann sagen: „Deine klare Überzeugung kann ich nicht nachvollziehen. Hilf mir einmal, deinen Standpunkt zu verstehen. Du hast dir sicher viele Gedanken gemacht."
- Komme ich in einen Meinungskampf hinein, kann ich sagen: „Mir scheint, wir beide kämpfen, und ich frage mich, warum ich deinen Standpunkt nicht respektieren kann."

FRAGEN ZUR SELBSTPRÜFUNG

Fallen mir Motive ein, warum ich in Gesprächen recht behalten will?

Kann ich meine Familienangehörigen verstehen, die mit mir im Kampfe liegen, um recht zu behalten?

Ertappe ich mich dabei, daß ich Behauptungen aufstelle, die bestenfalls persönliche Meinungen darstellen?

Bin ich bereit, eine Woche lang zu beobachten, ob ich dogmatische Aussagen von mir gebe?

Kann ich aus innerer Überzeugung *nachgeben,* oder habe ich das Gefühl, eine Niederlage einzustecken?

Ist mir der Unterschied zwischen *überlegtem* Nachgeben und *resigniertem* Nachgeben bewußt?

Habe ich das Gefühl, durch Nachgeben an Autorität zu verlieren? Bin ich bereit, neue Gesprächstechniken einzuüben, um rechthaberische Aussagen zu vermeiden?

Regel Nr. 20

Wenn wir offen zueinander sind, geht es uns besser.

Eine vertrauensvolle Familienbeziehung verlangt *Offenheit.* Alle Mitglieder äußern ihre Gefühle offen und ehrlich, können sich rückhaltlos allen Partnern aufschließen und ihre Probleme, Bedenken und Sorgen zur Sprache bringen. Selbst wenn die Themen die übrigen in Verlegenheit bringen, haben sie den Mut, offen zu sein.

Wer wesentliche Probleme und Sorgen nicht besprechen kann, durchlöchert eine gute Beziehung. Denn die Probleme und Sorgen verschwinden nicht von selbst. Wenn wir sie unter den Teppich kehren, bleiben Erhebungen, über die wir jederzeit stolpern können.

Wer offen ist, *verletzt* nicht die Gefühle des Partners. Wer dem anderen die Wahrheit „um die Ohren schlägt“, will ihn treffen. Offenheit erfordert *Takt,* aber keine Taktik. Wer taktisch vorgeht, ist nicht offen, sondern berechnend. Wer seine Angehörigen liebt, ist offen und nicht *übervorsichtig.* Wer übervorsichtig auf den anderen zugeht, handelt nicht taktvoll, sondern ängstlich. Angst und Offenheit sind Gegensätze. Wer nicht offen ist,

- liebt sein Gegenüber nicht,
- traut seinem Gegenüber nicht über den Weg,
- benutzt seine Übervorsichtigkeit als Ausrede und geht wahrer Intimität aus dem Wege,
- verachtet seinen Partner,
- hält sich zwar aus Streitigkeiten heraus, aber aus Angst zu unterliegen;
- benutzt gern die Ausrede „Ich will nicht nörgeln!“
- schiebt mögliche Konflikte nur hinaus. Denn aufgestaute Gefühle kommen später explosiv zum Vorschein;
- kann seine Gefühle stauen und psychosomatische Beschwerden hervorrufen.

Offenheit bedeutet, daß ich meine *Fehler* zugeben kann. Fehler gebe ich aber nur zu,

- wenn mein Gegenüber mir keinen Strick daraus dreht,
- wenn mein Gegenüber mich liebt wie bisher,
- wenn mein Gegenüber mir für den Vertrauensbeweis danken kann.

Offenheit bedeutet, daß ich mich nicht entblößen muß, sondern daß ich spontan, frei und ohne Ressentiments alles sage, was ich fühle.

Offenheit heißt nicht „Zwang zur Aufrichtigkeit". Sie ist ein freies Mitteilen, das ohne Druck abläuft. Wer mit Offenheit einen Zwang zur Aufrichtigkeit verbindet, vergewaltigt den anderen. Offenheit ist Freiheit, sonst wird sie bewußt und für negative Ziele eingespannt. Wir kennen die Ausdrücke: „Um ganz offen zu sein, die Sache hat doch einen Haken ..." „Ich will ehrlich sein und bekenne dir ..." „Offen gesagt handelt es sich bei der Abmachung um einen Trick ..."

Diese Art Offenheit verfolgt ein Ziel:

- sie will sich interessant machen,
- sie will den anderen treffen,
- sie hat es nötig, die Aufrichtigkeit und Ehrlichkeit zu betonen.

Die Formulierungen verraten, daß jemand in der Regel nicht offen ist und es nötig hat, seine Ehrlichkeit besonders herauszustreichen.

Wann ist die Offenheit gefährdet?

- Wenn ich meinem Partner oder meinem Kind nicht *erlauben* kann, aus welchen Gründen auch immer, so zu sein, so zu fühlen und so zu antworten, wie er möchte.
- Wenn mein Kind oder mein Partner *Angst* vor mir haben. Sie fühlen zu Recht oder zu Unrecht, daß ich sehr enttäuscht reagiere und mit der Wahrheit nicht fertig werde.
- Wenn mein Kind oder mein Partner *kein Vertrauen* zu mir haben. Vielleicht kann ich den Mund nicht halten und trage Botschaften, die verschwiegen sein sollten, zu Freunden und Bekannten.
- Wenn ich *nachtragend* reagiere. Ich will zwar alles über mich und die anderen erfahren, kann aber einen auch kränkenden Vorfall nicht vergessen und hole ihn bei jeder unpassenden Gelegenheit ans Licht.
- Wenn ich *empfindlich* reagiere. Empfindsamkeit ist ein positives, einfühlsames Verhalten. *Empfindlichkeit* ist ein Verhaltensmuster, das ich benutze, um dem anderen zu signalisieren: Geh vorsichtig mit mir um, ich bin empfindlich! Leg deine Worte auf die Goldwaage, ich könnte sie krummnehmen.
- Wenn ich *Verhaltensmuster* benutze (verbale und nonverbale), um den anderen am offenen Reden zu hindern.
  „Ich habe jetzt keine Zeit." (Ausrede)
  „Ich habe Kopfschmerzen, laß mich in Ruhe." (Ausrede)
- „Ich möchte jetzt unbedingt das Bundesligaspiel im Fernsehen anschauen!" (Ablenkung). Dazu kommen die nonverbalen Hinweise: nicht zuhören, sich abwenden, beschäftigt sein, Stirn in Falten legen und abwehren.
- Wenn ich meine Ausführungen beginne mit: „Ich weiß, ich habe auch meine Fehler, aber was er sich gerade geleistet hat, das schreit gen Himmel." Meine Pseudooffenheit wird benutzt, um andere zu entblößen und Fehler und Mängel anderer Menschen anzugreifen.

Reden ist Silber, Schweigen ist Gold

Herr Dirks und Frau Dirks haben ein schwerwiegendes Problem, wie beide glauben. Er ist Lehrer für die Fächer Mathematik und Physik, sie ist Hausfrau und erzieht drei Kinder und ver-

sorgt am Rande der Stadt ein Einfamilienhaus. Familie Dirks hat vor 2 Jahren gebaut und fühlt sich im neuen Haus wohl. Nur einen Haken hat die Sache. Ihre Bekannten und Freunde wohnen in der Nachbarstadt. Sie ist ein offenherziger Typ, der sich gerne unterhält, der Menschen um sich braucht, Geselligkeit, und am liebsten gemeinsam etwas unternimmt. Ihr Mann ist der „große Schweiger“, wie sie sagt. Im Haus, im Garten und in der Schule ist er sehr aktiv. Er brütet über seinen Büchern und fühlt sich am wohlsten, wenn er ungestört „vor sich hinarbeiten kann“. Herr Dirks spricht wenig. Sein Grundsatz lautet: „Reden ist Silber, Schweigen ist Gold.“ Für ihn ist seine Frau eine „Quasselstrippe“, die ihren Mund immer in Betrieb hat. Sie wirft ihm vor: „Du bist nicht offen! Du machst alles mit dir selbst ab. Wofür hast du mich eigentlich geheiratet? Du brauchst nur eine gute Haushälterin, die Haus und Familie in Ordnung hält.“
Herrn Dirks trifft am härtesten der Vorwurf, daß er *nicht ehrlich* sein soll. Sie sagt: „Er verheimlicht mir vieles. Wenn er Probleme hat, starrt er vor sich hin und läßt mich nicht teilnehmen. Das ist eine Art Ehebruch!“
Herr Dirks: „Das ist doch hochkarätiger Blödsinn!“ Er steht auf, schließt die Tür hinter sich, geht in sein Arbeitszimmer und läßt seine Frau mit Vorwürfen stehen. In seiner Kindheit hat Herr Dirks folgende Erfahrung gemacht: „Wenn du dein Herz auf der Zunge trägst, verrätst du dich, die anderen nutzen das aus und legen dich fest. Offenheit zahlt sich nicht aus. Selbst ist der Mann. Denn im Grunde bist du mit deinen Problemen doch allein.“
Diese Lebenserfahrung hat Herr Dirks ermutigt, sparsam mit Offenherzigkeit umzugehen.
Frau Dirks hat selbstverständlich die gegenteiligen Erfahrungen gemacht. Sie war als Kind offen, plauderte über alles und nichts und erlebte, daß sie gehört und ernstgenommen wurde. Ihre Offenheit zahlte sich aus. Sie vertraute sich Eltern und Freundinnen an, bekam Echo und lernte den gegenseitigen Gedankenaustausch schätzen.
Für Familie Dirks gibt es kein Patentrezept. Beide haben auf ihre Weise recht. Die Bedürfnisse beider Ehepartner sind verschieden. Die Frau braucht Gespräche und einen ständigen Austausch. Herr Dirks macht vieles im Innern ab. Er braucht Zeit für sich und ist gern allein.

Für beide gilt:
- Gegenseitige Vorwürfe verschlimmern den ehelichen Konflikt. Es geht nicht darum, wer recht hat, es geht um die gegenseitige Befriedigung von Bedürfnissen.
  Die Ehe ist eine bedeutsame Freundschaft, die ohne gegenseitiges Vertrauen und persönliche Offenbarungen nicht existieren kann.
- Frau Dirks muß lernen, das Sich-zurück-Ziehen des Ehepartners zu respektieren. Herr Dirks muß lernen, daß seine Frau mehr Offenheit und Gesprächsaustausch braucht als er selbst.
- Frau Dirks muß lernen, ihren Gatten ohne Vorwürfe zum Reden zu bringen. Vorwürfe, Kritik und Nörgeln sind für den Partner eine beliebte Ausrede, sich zurückzuziehen.
- Ein Kompromiß, der den Bedürfnissen beider Partner gerecht wird, ist vermutlich die beste Lösung für die Ehe.
- Beide können lernen, beide können neue Erfahrungen machen. Was wir in unserer Kindheit gelernt haben, hat nicht den Charakter eines unwiderruflichen Schicksals. Gefühle und Intimitäten zu teilen, ist die beste Garantie für ein harmonisches Zusammenleben.

FRAGEN ZUR SELBSTPRÜFUNG

Kann ich das Risiko auf mich nehmen, offener zu sein und mehr von mir zu enthüllen?
Bin ich davon überzeugt, daß Schweigen hilfreicher als Reden ist?
Bin ich davon überzeugt, daß Vertraulichkeit zur Ablehnung führt?
Glaube ich, daß der ruhigere, nüchterne, sachlich orientierte und wenig redende Menschentyp der wertvollere ist?
Kann ich meinem Partner oder meinem Kind erlauben, ohne Ressentiment sich zu öffnen?
Darf mein Partner kindisch sein?
Kann er sich die Freiheit nehmen, zu reden und zu denken, was ihm in den Sinn kommt?
Gehe ich davon aus, daß meine Familienangehörigen, die bestimmte persönliche und intime Dinge von mir wissen, als Information gegen mich verwenden?
Wenn ich mich rätselhaft und geheimnisvoll gebe, bin ich dann interessanter für andere Menschen?
Will ich es wagen, Dinge, die ich bisher für mich behalten habe, meinem Partner anzuvertrauen?
Bin ich überhaupt gewillt, meine Erfahrungen zu machen?

Regel Nr. 21

Wir wollen uns über Probleme anderer Menschen nicht aufregen.

Nicht wenig Menschen zeigen ein großes Interesse an Dingen, die *andere Menschen* tun oder meinen. Sie lassen sich von ihnen bestimmen und in Harnisch bringen. Warum ist dieses Verhalten falsch?

- Die Probleme der anderen haben häufig nichts mit uns zu tun. Es besteht also kein Grund, warum wir uns *aufregen müssen.*
- Wenn wir die Verhaltensweisen der anderen nicht billigen, müssen wir uns nicht den Kopf zerbrechen, was sie anders machen könnten und wie wir sie *beeinflussen wollen.*
- Wenn wir uns über das Verhalten anderer aufregen, *tun wir so,* als hätten wir enorme Macht über sie. In Wirklichkeit ist das nicht der Fall. Denn je mehr wir uns aufregen, desto geringer ist die Chance, sie zu ändern.
- Menschen, die sich unangebracht über andere aufregen und in Harnisch bringen lassen, schaden sich selbst. Sie setzen ihre Organe unter Druck, sie werden unsachlich und ernten nur Empörung, wenn sie ihrem Ärger Luft machen.

Was kann ich positiv tun?

- Mich fragen, ob es sich lohnt, mich über das Tun und Lassen anderer zu empören. Ich versuche, die Vor- und Nachteile abzuschätzen.
- Bedeuten mir die anderen viel, versuche ich ohne unnötige Erregung das Problem anzusprechen, wobei ich *meine Gefühle* und *meine Sicht der Dinge* betone, die objektiv falsch sein können.
- Gelingt es mir nicht, die ärgerliche Sache der anderen für mich zufriedenstellend aus der Welt zu schaffen, nehme ich die Dinge *gelassen* hin und finde mich mit der Tatsache ab.

Das ist alles mein Bier

Der älteste Sohn, inzwischen achtzehn Jahre alt geworden, will seinen Winterurlaub antreten. Zum ersten Male bleibt er drei Wochen von zuhause weg. Vor einigen Monaten hat er den Führerschein gemacht, er fährt ein eigenes Auto und sitzt mit Vater und Mutter am Kaffeetisch. Die Mutter nimmt die Gelegenheit wahr:
„Junge, hast du auch warme Sachen genug eingepackt? Auf den Bergen weht ein kalter Wind und plötzlich bist du erkältet. Mit den Sachen ist in deinem Alter nicht zu spaßen."
Der Vater macht sich Gedanken in anderer Richtung:
„Hast du den Wagen nochmal überprüfen lassen? Ist genügend Frostschutz im Kühler? In den Bergen sind die Temperaturen im Durchschnitt niedriger als bei uns."
Der Sohn schaut vielsagend seine beiden Eltern an und sagt nur fünf Wörter: „Das ist alles mein Bier."
Er hat es nicht häßlich gesagt. Es klang zwar salopp, aber bestimmt. Der Sohn weiß, was er will. Und er hat recht. Er ist inzwischen mündig und trägt für alles selbst die Verantwortung. Kluge Eltern reagieren vernünftig und danken ihrem Sohn, daß er so selbständig ist, für alle Probleme verantwortungsvoll seinen Kopf hinzuhalten. Sie reagieren nicht beleidigt und verärgert, daß sie sich *unnötigerweise* Probleme des Sohnes zu eigen gemacht haben. Sie meinen es gut, sollten aber auch dankbar sein, daß das Kind selbständig und selbstverantwortlich denkt und handelt.

Das lasse ich mir nicht bieten!

Frau Müller und Frau Schulze sind Nachbarn. Frau Müller hat drei Kinder, die nicht gerade in Watte gepackt werden. Wenn sie nicht parieren, bekommen sie gehörig was auf den Po. Das Gebrüll eines schreienden Kindes, das eben vermöbelt wurde, dringt an Frau Schulzes Ohr, die sich sofort bis zur Weißglut erregt. Die Häuser liegen so, daß Frau Schulz ungeniert in die Küche von Frau Müller schauen kann, wo sich das Familienleben in der Hauptsache abspielt.
„Diese Schlange von Frau! Eine Rabenmutter. Wenn sie so wei-

termacht, werde ich sie noch wegen Kindesmißhandlung anzeigen."

Seit zwei Jahren haben beide Familien Krach. Sie grüßen sich nicht mehr und gehen sich aus dem Weg. Aber für Frau Schulz sind damit die Probleme nicht ausgestanden. Täglich liegt sie auf der Lauer, um Gemeinheiten, die angeblich bei Müllers ausgebrütet werden, zu registrieren. Abends bei Tisch packt sie aus und nimmt Familie Müller dazwischen. Ihr Mann möchte mit Müllers Problemen nicht belästigt werden und sagt: „Laß doch die Müllers aus dem Spiel, die interessieren mich nicht! Warum soll ich mir über anderer Leute Probleme den Kopf zerbrechen?"

Seine Frau ist entschieden anderer Meinung: „Es ist eine Frechheit, wie sie mich behandelt. Ich bin Luft für sie, und das sollte ich mir bieten lassen?"

Das Beispiel veranschaulicht:

- Frau Schulz *will* sich ärgern und trägt ganz allein für ihr Verhalten die Verantwortung.
- Frau Schulz macht Frau Müller für ihren persönlichen Ärger verantwortlich. Auch das ist ein Fehler. Frau Schulz übersieht, daß nicht Frau Müller die Ursache des Ärgers ist, sondern sie selbst, weil sie das Verhalten empörend und ärgerlich findet.

Es gibt ein bezeichnendes deutsches Sprichwort, das die oben zitierte Regel bestätigt: „Jeder kehre vor seiner eigenen Tür."

Ich kehre meinen Dreck weg,
du kehrst deinen Dreck weg.
Ich löse meine Probleme,
du löst deine Probleme.

Selbst unter Völkern gilt diese „Nichteinmischungsregel". Gerade wo ich diese Zeilen schreibe, jährt sich der Einfall der Russen in Afghanistan. Gleichzeitig zittern die Völker Europas, daß auch Polen das Opfer der Einmischung eines wohlmeinenden Bruderlandes werden könnte.

„Jeder kehre vor seiner eigenen Tür." Die Regel gilt für Familien und Völker in gleicher Weise. Selbst in der Beratungs- und Therapiepraxis gilt der Grundsatz: „Niemand darf sich anmaßen, die Verantwortung füı den anderen zu übernehmen." Niemand darf sich anmaßen, dem anderen zu sagen, was er braucht und was er tun muß. Es ist schließlich sein Leben, das wir nicht verantworten können. Das bedeutet nicht, daß ein Berater oder Therapeut keine Verantwortung trüge. Die beste Beratung beinhaltet, *Hilfe zur Selbsthilfe* zu geben.

FRAGEN ZUR SELBSTPRÜFUNG

Was ist der tiefe Beweggrund, daß ich mir die Probleme anderer Menschen zu eigen mache?

Bin ich darüber verärgert, daß sie nicht so handeln und leben wie ich?

Möchte ich sie im Grunde verändern und ihnen meine Lebens- und Wertauffassungen aufzwingen?

Fühle ich mich besonders verantwortlich für andere und kann es nicht lassen, mich in ihre Angelegenheiten einzumischen?

Verstehe ich es als besondere Fürsorge und Liebe, daß ich mich um die Angelegenheiten anderer kümmere?

Kenne ich Beispiele aus meiner Familie oder aus der Nachbarschaft, wo Fürsorge und Liebe als Aufdringlichkeiten gewertet wurden?

Werde ich in meinen guten Absichten bestätigt oder erlebe ich dabei viel Nackenschläge?

Kenne ich bei mir ein Fehlverhalten und bin ich bereit, neue Verhaltensmuster einzutrainieren?

Regel Nr. 22

Jeder von uns macht sich klar, wer das Problem besitzt, wenn Schwierigkeiten auftreten.

Der amerikanische Therapeut Thomas Gordon legt in seinen Büchern auf den Begriff des *Problembesitzes* großen Wert. Wir unterscheiden drei Situationen, die den Problembesitz verdeutlichen.[11]

1. *Das Kind hat ein Problem*, weil es an der Befriedigung seiner Bedürfnisse gehindert wird. Es ist kein Problem für die Eltern, für die Geschwister oder andere Erzieher. Zum Beispiel hat Gerd in der Klasse gestört und vom Lehrer einen Tadel ins Klassenbuch eingetragen bekommen. Gerd ist bedrückt. *Er hat das Problem.*
2. Das Kind befriedigt seine eigenen Bedürfnisse und wird auch nicht daran gehindert. Es beeinträchtigt auch nicht die persönlichen Bedürfnisse der Eltern. Daher gibt es *innerhalb der Beziehung keine Probleme.*
3. Das Kind befriedigt seine eigenen Bedürfnisse, aber sein Verhalten stellt für die Eltern ein Problem dar. Sie werden in ihrer Bedürfnisbefriedigung behindert. *Die Eltern besitzen das Problem.*

Was sind die entscheidenden Fehler der Eltern, wenn das Kind ein Problem hat? Antwort:

- Die Eltern mischen sich ein.
- Die Eltern machen sich das Problem des Kindes zu eigen.
- Die Eltern raten, bieten Lösungen an.
- Die Eltern drohen, ordnen an, befehlen.
- Die Eltern moralisieren, predigen und halten Vorträge.
- Die Eltern fragen, forschen und verhören.
- Die Eltern beschimpfen, ironisieren und machen lächerlich.
- Die Eltern urteilen, kritisieren und machen Vorwürfe.

---

[11] Thomas Gordon, Familienkonferenz, Hoffmann und Campe, Hamburg 1972, S. 68ff.

Überprüfen wir einmal unsere Reaktionen. Wir ziehen uns das Problem an und wirken auf die Kinder ein. Das Kind fühlt sich bedrängt, ihm wird der Mund verschlossen. Vielleicht reagiert es empört und hat das Gefühl, mißverstanden worden zu sein. Viele Eltern wollen es nicht begreifen, daß Kinder keine *fertigen Lösungen* angeboten haben wollen, wenn sie von Schwierigkeiten sprechen. Eltern, die ihren Kindern vorfabrizierte Lösungen anbieten, *machen die Kinder abhängig.* Sie lernen es nicht, ihre Schwierigkeiten aus eigener Kraft zu meistern. Immer wieder wenden sie sich an die Eltern und erwarten Patentrezepte. Ganz davon abgesehen hat das Verhalten der Eltern, fertige Lösungen anzubieten, einen weiteren Nachteil: Die Kinder machen die Eltern für jedes Mißlingen verantwortlich. Schlagen die Lösungen nicht ein, haben die Eltern den „Schwarzen Peter". Vielen Eltern fällt es schwer zu glauben, daß ihre Ratschläge und Informationen die Beziehung zu den Kindern auf Dauer erschweren. Sie meinen: „Wenn Kinder ein Problem haben, muß man sie doch belehren und ihnen einen konkreten Rat geben." Oder sie sagen: „Eltern haben eine große Lebenserfahrung auf dem Buckel. Sie sind einfach reifer und verantwortungsbewußter und wollen aus ihrem Erfahrungsschatz weitergeben." Eltern haben gute Absichten, untergraben aber die Selbstbemeisterung des Lebens ihrer Kinder.

Ratschläge machen *unmündig.*
Ratschläge machen *abhängig,*
Ratschläge geben dem anderen das Gefühl der *Unterlegenheit,*
Ratschläge vergrößern die *Angst,*
Ratschläge vergrößern die *Unsicherheit.*

Haben wir nicht alle schon erlebt, daß sogenannte Patentrezepte, die uns angeboten wurden, unser Problem in der Tiefe gar nicht trafen? Eltern sollten ihren Kindern nicht ihre Meinungen, Rezepte und Maßstäbe überstülpen, sondern ihnen helfen bei dem Enträtseln ihrer Probleme. Sie sollten Entscheidungshilfen geben.

Jedes Kind hat sein eigenes Problem und sein eigenes Leben. Es muß damit fertig werden, denn Frustrationen, Fehlschläge und Entbehrungen gehören zum Leben. Das Kind lernt, aus eigener Kraft Probleme zu überwinden. Je mehr wir einem Menschen helfen, aus eigener Kraft sein Leben zu meistern, desto intensiver haben wir ihn gefördert. Darum besteht die Hilfe darin,

- daß er mit seinen Problemen *akzeptiert* wird,
- daß man ihm *vertraut*, daß er die Möglichkeit besitzt, alle Schwierigkeiten *allein* zu lösen,
- dem Kind oder Partner beim Suchen *eigener* Lösungen beizustehen.

Noch ein Hinweis: Das *eigentliche* Problem anvisieren. Viele Probleme, die auf den Tisch gelegt werden, haben eine Oberfläche und eine Tiefendimension. Nicht selten ist ein Problem *vorgeschoben*. Der Hintergrund des wahren Problems ist ein anderer, nämlich

- persönlicher Art. Es geht um das *Prestige*, um Gewinn oder Verlust.
- Jemand fühlt sich *ungerecht behandelt*. Er kann nicht sachlich sein und sieht alles durch die Brille des Verletztseins.
- Jemand will *beachtet werden*. Auf diesem Hintergrund bekommt das Problem ein völlig anderes Gesicht.
- Jemand will seine *Macht demonstrieren*. Wie schwer wird es der Zuhörer haben, diesem Machtkampf auszuweichen.
- Jemand will *Rache üben*. Muß der Zuhörer nicht beleidigt und gekränkt reagieren?

Deine Probleme sind nicht meine Probleme

Werner läuft bedrückt herum, stöhnt und setzt sich gequält in die Ecke. Die Mutter schaut ihn an, schüttelt mit dem Kopf und sagt: „Nun red' schon, du hast doch was auf dem Herzen. Man sieht es dir doch an! Bin gespannt, was du wieder angestellt hast!"

- Die Mutter *drängt*,
- die Mutter *überredet*,
- die Mutter *beschuldigt*.

Werner hat das Problem. Die Mutter kann sich zur Verfügung stellen. Mehr nicht. Vielleicht könnte sie sagen: „Ich habe den Eindruck, dich bedrückt etwas, Werner. Möchtest du darüber reden?"

Gisela ist 14 Jahre alt, sitzt in ihrem Zimmer und brütet vor sich hin. Sie hat den Kopf in die Hände gestützt und blickt gar nicht auf, als die Mutter das Zimmer betritt.

„Hast du wieder Kopfschmerzen, weil dich der Klassenlehrer nicht mag?“
Gisela schüttelt den Kopf.
„Nun, nimm mal die Sache nicht allzu tragisch! Das läuft sich alles wieder zurecht!“
Gisela: „Das ist es ja gar nicht.“
Mutter: „Du benimmst dich wie ein Baby und nicht wie ein ausgewachsener Teenager.“
Gisela: „Laß mich in Ruhe.“
Mutter: „Wie redest du mit deiner Mutter? Ich gebe mir Mühe, dich zu verstehen und du giftest mich an!“
Gisela: „Dich interessiert ja meine Geschichte gar nicht!“
Mutter: „Ich bemühe mich um dich und du machst mir noch Vorwürfe. Das gefällt mir. Ich möchte wissen, was wieder in dich gefahren ist.“

Was zeigt diese kleine Szene?
- *Gisela hat das Problem.* Die Mutter ist guten Willens, der Tochter beizustehen, aber sie macht eine Reihe Fehler.
- Die Mutter *vermutet* Kopfschmerzen, die sie mit dem Klassenlehrer in Verbindung bringt. (Ein typischer Gesprächsfehler, der sich in vielen menschlichen Begegnungen wiederfindet. Wir sollten nicht *raten* und *vermuten*, sondern den Beteiligten die Chance geben, über ihr Problem zu sprechen).
- Die Mutter *redet* und *deutet* und nimmt der Tochter die Möglichkeit, sich zu äußern.
- Die Mutter *verharmlost* und wiegelt das Problem ab, ohne es zu kennen. Zunehmend reagiert die Tochter trotzig und ablehnend.
- Die Mutter fühlt sich *angegriffen* und reagiert mit *Beschämung*: „Du benimmst dich wie ein Baby!“
- Die Tochter reagiert noch abweisender „Laß mich in Ruhe!“ und die Mutter *droht* und *moralisiert.*
- Die Mutter hat sich zu engagiert gezeigt und *will* dem Kind helfen. Ihre übertriebene Fürsorge und ihr eigenwilliger Stil mobilisieren den Widerstand des Kindes. Sie erreicht das Gegenteil.

Was hätte die Mutter zu Gisela sagen können, als sie die Tochter bedrückt im Zimmer sitzen sah?

„Mir kommt vor, dich beschäftigt etwas sehr. Möchtest du darüber reden?"
Oder:
„Ich empfinde, du hast was. Möchtest du, daß ich hierbleibe?"
Damit dringt die Mutter nicht in das Kind ein, sie traut dem Kind zu, allein mit dem Problem fertig zu werden. Sie bietet sich an, das Problem des Kindes anzuhören, sie geht nicht weiter, als das Kind bereit ist, ihr entgegenzukommen.

FRAGEN ZUR SELBSTPRÜFUNG

Mache ich mir im familiären Umgang gelegentlich klar, wer das Problem hat?
Hilft es mir, die Frage bei allen auftauchenden Schwierigkeiten zu stellen?
Gehöre ich zu denen, der sich Probleme der anderen Familienmitglieder zu eigen macht?
Was glaube ich, welches Motiv hinter meiner Fürsorge steckt?
Bin ich fest davon überzeugt, daß es ein edles und selbstloses Motiv ist?
Kann es sein, daß ich auf dem Wege bin, mein Kind mit meiner großen Verantwortungsbereitschaft abhängig und unmündig zu machen?
Traue ich meinen Kindern zu, daß sie aus eigener Kraft ihre Probleme und Schwierigkeiten lösen können?
Glaube ich, daß meine reichen Lebenserfahrungen eine unschätzbare Hilfe für meine Kinder sind?
Bin ich bereit, meine Fürsorge und mein Engagement zum Vorteil der Kinder ein wenig einzuschränken?

Regel Nr. 23

Wir wollen uns klarmachen, daß Ärger und Wut selbstverursachte Gefühle sind.

Ärger und Wut sind im zwischenmenschlichen Leben so selbstverständlich, daß sie im allgemeinen für *normale Reaktionen* angesehen werden. Weil viele Menschen diesen Gefühlen *zum Opfer* fallen, suchen sie – unverstanden – nach plausiblen Entschuldigungen für ihre Reaktionen. Sie sagen:

- Es ist völlig normal und gesund, sich zu ärgern.
- Die beste Art, mit Ärger fertig zu werden, ist, ihn herauszulassen.
- Werde ich von irgendeinem Menschen frustriert, mache ich meinem Ärger Luft und schreie ihn heraus.
- Ich bekomme ein zufriedenes Gefühl, wenn ich dem Menschen, der meinen Ärger verursacht hat, den Marsch blase. Wut darf nicht gespeichert werden. Dadurch entstehen Magengeschwüre und unter Umständen schlimmere Krankheiten.

Was ist an diesen Vorstellungen falsch?

1. Die Gefühle *machen* wir uns selbst. *Ich* rede mir ein, daß Herr X mich beleidigt hat,
ich glaube, daß mein Mann mich ärgern wollte,
ich dulde es nicht, daß meine Frau mir solche Vorwürfe macht.
In diesem Sinne schreibt der Psychotherapeut Albert Ellis: „In unserer heutigen Gesellschaft wird man jedoch selten von anderen Menschen körperlich oder ökonomisch geschädigt; fast alle ‚Angriffe' sind psychischer Art und können einem kaum Schaden zufügen, solange man sie nicht irrtümlicherweise für schädlich hält. Es ist unmöglich, durch Worte oder Gesten Schaden zu erleiden, wenn man sich nicht davon verletzten *läßt*, oder gar *sich selbst verletzt*. Es sind niemals die Worte und Gesten ande-

rer, die uns schaden, sondern unsere *eigenen* Einstellungen[12] und unsere Reaktionen auf diese symbolischen Angriffe."

2. Gefühle sind Werkzeuge
Gefühle sind keine mystischen Triebkräfte. Es sind *Instrumente*, die den Zielen des Menschen dienen. Viele wollen einen Gegensatz entdecken zwischen Gefühl und dem Verstand. Wahrscheinlich liegt es daran, daß man den Gefühlen eine Sonderrolle und ein Sonderdasein zuschiebt. Gefühle führen kein Eigenleben. Sie liegen auch nicht mit dem Verstand in Fehde. Leider hat es sich eingebürgert, von *gefühlsgestörten* Menschen zu sprechen. Stimmt das eigentlich? Nein. Der Mensch *benutzt* seine Fähigkeiten, sein Denken und seine Gefühle und stellt sie entsprechend in Dienst. Es sind also nicht die Gefühle gestört, es stimmt etwas nicht mit den Zielen und Absichten.
Gemütsbewegungen begleiten alles menschliche Erleben und Verhalten. Sie wirken sich sowohl nach außen wie nach innen, im Innern des Menschen aus. Mit Gefühlsaufwallungen hängen Erröten, Erbleichen, Herzklopfen, Schwitzen, Gliederzittern und Darmtätigkeit zusammen. Hunger, Kummer, Furcht, Wut und Ärger beeinflussen nicht nur die sekretorische Tätigkeit des Magens, sondern auch die Bewegung des Magens, das Muskelsystem, sogar die Gerinnbarkeit des Blutes. *Wir schaffen uns unsere Gefühlsregungen und nutzen sie entsprechend.* Jeder Mensch hat ein bestimmtes Arsenal von Gefühlen, die er bei bestimmten Gelegenheiten und Auftritten als *Werkzeug* einsetzt. Lautes Klagen, Tränen, Ärger und Wut sind bei alt und jung beliebte Druckmittel. Ärger *macht* dem anderen Schuldgefühle. Können Eltern mit diesen Werkzeugen nicht unbewußt Druck ausüben wollen?

3. Unsere Gedanken rufen die entsprechenden Gefühle hervor.
Alfred Adler stellte seinem Buch „Über den nervösen Charakter" ein lateinisches Sprichwort als Motto voran: „Omnia ex opinione suspensa sunt" (Alles hängt von unserer Meinung ab). Also nicht von den Gefühlen, sondern von den Gedanken. Der Philosoph Nietzsche formulierte ähnlich: „Entgegen der Be-

---

[12] Albert Ellis, Die rational-emotive Therapie, Pfeiffer Verlag, München 1977, S. 75.

hauptung, es gäbe nur Fakten, sage ich nein, gerade die Fakten existieren nicht, nur die Interpretationen." Meine *Gedanken* über einen Vorfall erzeugen die entsprechenden Gefühle. Überprüfen Sie, ob das stimmt.

„Allein bei dem *Gedanken*, daß meine Schwiegermutter Heilig Abend zu Besuch kommt, unseren Familienfrieden stört und alles an sich reißt, könnte ich *vor Wut platzen*."

„Wenn ich mir *vorstelle*, im Neuen Jahr muß ich mit meinem Abteilungsleiter Tisch an Tisch zusammenarbeiten, könnte ich mich *schwarz ärgern*".

„Ich *denke*, was der Schuft mir angetan hat, schon steigt der *Ärger* in mir hoch."

Diese Sätze veranschaulichen, wie Gedanken das körperliche Geschehen beeinflussen können, obwohl sich die Gedanken nicht unmittelbar, sondern über das Gefühlsleben auf körperliche Vorgänge auswirken. Michael Titze sieht den Zusammenhang so: „Ganz offensichtlich rufen die Gedanken und Vorstellungen, die entweder um ein extrem negatives oder aber um ein extrem positives Thema kreisen, starke Gefühle hervor ... Da starke Gefühle unweigerlich Einfluß auf den Bereich der körperlichen Vorgänge nehmen, wird auch die Angst (als das bedeutendste der starken Gefühle) zu Veränderungen in den Funktionsabläufen des Körpers herbeiführen. Die Muskulatur etwa kann dermaßen angespannt werden, daß es zu einer starken Schmerzempfindung kommt. Auch die innere Drüsentätigkeit wird in der Regel ungewöhnlich angeregt."[13]

Was kann ich tun, um Arger und Wut zu verringern?

- Ich höre auf, Ärger und Wut als von *außen* kommendes Schicksal zu betrachten, das *mich anfällt*, das mich quält und tyrannisiert;
- ich kann meinen Verdruß *konstruktiv* durch eine direkte sachbezogene Stellungnahme ausdrücken,
- ich kann mir klar machen, daß Gefühlsentladungen keine kooperative Voraussetzung bieten. Ich verliere über mich die Kontrolle, werde ungerecht und verschlimmere die Beziehung erst recht;

---

[13] Michael Titze, Wie wir unsere Angst bewältigen können, Rex Verlag, München / Lucern 1979, S. 21 ff.

- ich mache mir *ständig klar*, daß ich negative Emotionen selbst hervorrufe, weil ich auf bestimmte Situationen und Personen unüberlegt reagiere;
- ich kann über meinen Ärger und meine Wut *nachdenken* und die Spur zu den eigenen unlogischen Sätzen zurückverfolgen. Denn meine *falschen Gedanken* über einen Vorfall haben erst Ärger und Wut im Gefolge gehabt;
- gerate ich mit meinem Partner oder mit meinen Kindern in einen großen Ärger hinein, kann ich laut und deutlich zu mir selbst sagen: „Hör auf! Das ist Unsinn. *Du* verschlimmerst nur den Streit!"
- ich *denke* über die Ziele nach, die ich mit Ärger und Wut verfolge. Will ich den anderen zeigen, wie wütend ich bin? Will ich Aufmerksamkeit erregen oder Mitleid und Zuwendung erhalten? Will ich den anderen strafen? Will ich ihm Schuldgefühle machen? Oder will ich mich gar an ihm rächen?

Einbildung hat große Kraft

Ein Klient erzählte mir, daß er Wochen krankgefeiert und mit Magengeschwüren im Krankenhaus gelegen habe und anschließend geradezu arbeitsunfähig gewesen wäre.
Ich: „Was hat Sie denn so aus der Bahn geschleudert?"
Er: „Meine Frau."
Ich: „Hatten Sie Streit miteinander?"
Er: „Streit auch. Nein, viel schlimmer. Sie hat mich betrogen mit meinem besten Freund. Der kam ständig zu mir, auch in meiner Abwesenheit. Ich habe mir nichts dabei gedacht. Als ich aber dahinter kam, was geschehen war, flippte ich aus."
Allein die Gedanken verändern eine Situation grundlegend. Finde ich die Sachlage katastrophal, ist sie katastrophal. Bin ich fest davon überzeugt und *rede es mir auch ein*, daß ich nur noch Selbstmord begehen kann, weil ich sonst die Schande nicht überstehe, kreisen meine Gedanken nur noch um Selbstmord. Finde ich einen Vorgang unfreundlich, *ist* er auch nur unfreundlich. *Erscheint* er mir harmlos, *ist* er harmlos.

Selbst eingebildete *Vorstellungen haben die gleiche Wirkung.* Eine Klientin berichtete mir: „Mein Mann geht fremd. Der *Ge-*

danke verfolgt mich Tag und Nacht. Ich *sehe* ihn nur noch in den Armen einer anderen."

Ich: „Sie wissen also ganz bestimmt, daß er Sie betrügt?"

Sie: „Ich weiß es selbstverständlich nicht. Ich fühle es. Ich bilde mir das doch nicht alles ein!"

Die Frau ist rasend eifersüchtig und produziert in ihrem Kopf, in ihren *Gedanken*, den Betrug ihres Ehemanns. Sie hat sich so in den Ehebruch hineingesteigert, daß sie depressiv und resigniert vor sich hinlebt. Ihre Arbeit verrichtet sie gleichgültig, sogar ihr eigenes Kind vernachlässigt sie. Im Volksmund würden wir sagen: „Sie hat eine fixe Idee. Ihre Gedanken und Vorstellungen spielen ihr einen Streich."

FRAGEN ZUR SELBSTPRÜFUNG

Bin ich überzeugt, daß die meisten Ärger- und Wutausbrüche selbst verursacht sind oder hätte ich es gern, daß die anderen wenigstens 50% auf sich nehmen?

Brauche ich hin und wider einen heftigen Gefühlsausbruch, um zu zeigen, wie mies ich mich fühle?

Will ich den anderen zeigen, daß sie mich grundlos schlecht behandelt haben und kann darum auf eine handfeste Ärgerdemonstration nicht verzichten?

Kenne ich Beispiele aus der jüngsten Vergangenheit, die mir deutlich machen, daß meine *falschen Gedanken* den ärgerlichen Konflikt hervorgerufen haben?

Nehme ich mir vor, in zukünftigen Auseinandersetzungen die Wut- und Ärgerszene zu unterbrechen, indem ich mir zurufe: „Halt, der Ärger zahlt sich nicht aus"?

Bin ich bereit, über ärgerliche Situationen *nachzudenken*, um den eigenen falschen Zielen auf die Spur zu kommen?

Welche Ziele verfolge ich mit meinen Wutausbrüchen, die vorwiegend von mir inszeniert wurden?

Brauche ich mehr Aufmerksamkeit, mehr Verständnis und Zuwendung?

Möchte ich den übrigen Familienmitgliedern zeigen, was sie zu erwarten haben, wenn sie so weitermachen?

Regel Nr. 24

Wir wollen lernen, besser zuzuhören.

In der Familie sollte Zuhörenkönnen eine Selbstverständlichkeit sein. Überall, wo Menschen sich begegnen, wird Zuhören vorausgesetzt. Und weil es so bedeutsam ist, sollte eine Regel daraus abgeleitet werden. Gerade die Familienberatung offenbart, daß Zuhören für Eltern und Kinder ein Problem ist. Wenn wir die Vorwürfe einzelner beleuchten, begegnen uns oft Sätze, die etwa so lauten:
„Du hörst mir gar nicht zu!"
„Du bist mit den Gedanken ganz woanders!"
„Du hast überhaupt nicht verstanden, was ich sagen will!"
„Du läßt mich gar nicht zu Wort kommen!"
„Du bist auf das, was ich gesagt habe, mit keinem Wort eingegangen."
„Du kommst vom Hölzchen auf's Stöckchen!"
„Du bleibst einfach nicht bei der Sache!"
„Du hast etwas ganz anderes herausgehört, als was ich gesagt habe!"
„Wir reden alle aneinander vorbei!"
Und warum? Jeder spricht über das, was *ihm* wichtig ist. Er hört nicht, was der Partner ihm mitteilen möchte. Darum sind die meisten Vorwürfe gerechtfertigt. Sie spiegeln Verhaltensweisen wider, die unser Zusammenleben belasten. In der Tat sind die meisten Konflikte der Menschen Kommunikationsprobleme. Sie betreffen in erster Linie das *Zuhören.*
Wer zuhören kann,
- hilft den Beteiligten effektiver bei der Lösung von Problemen,
- gewinnt das Vertrauen seines Partner oder seines Kindes,
- hält sich mit Argumenten, Kritik, Moralisieren und Ermahnen stärker zurück,
- ermutigt sein Gegenüber, Gefühle, Ängste und Sorgen herauszulassen,

- vermittelt seinem Zuhörer, daß er ernstgenommen wird,
- vermittelt seinem Zuhörer, daß er angenommen wird, wie er ist.

Was können wir tun, um das Zuhören zu verbessern?

1. Wir überprüfen unsere Verständnisbereitschaft
Zuhören ist keine Frage der Technik oder der Methode. Wir können das Zuhören nicht als mechanisches Hilfsmittel einsetzen. Zuhören ist eine Sache meiner Einstellung zum Partner und zum Kind. Ein ich bereit, Mitgefühl für meine Angehörigen aufzubringen? Zuhören setzt voraus, daß ich die Gefühle des Gegenübers ernstnehme, auch wenn sie mir zuwiderlaufen, wenn ich sie nicht verstehe und zunächst für mich uneinfühlbar halte.

2. Wir demonstrieren mehr Aufmerksamkeit
Wenn wir gelangweilt erscheinen oder desinteressiert, bricht unser Gegenüber leicht das Gespräch ab. Enttäuscht wendet es sich ab und läßt uns sitzen. Viel später fragen wir:
„Hast du was?“
Antwort: „Nein!“
Das Gespräch ist beendet. Eine Verärgerung bleibt zurück. Das Mißverstandenwerden tut weh. Unsere Gleichgültigkeit hat eine Gesprächsbarriere installiert. Wollen wir das Zuhören verbessern, können wir unsere „Aufmerksamkeitsreaktion“ (Thomas Gordon) verstärken. Wir nicken, lehnen uns vorwärts, lächeln, runzeln die Stirn und führen andere Körperbewegungen aus, an denen das Kind die Anteilnahme ablesen kann. Wir können auch kleine verbale Botschaften anbieten: Hm, oh, ich verstehe, ja natürlich, im Ernst, keine Frage.

3. Wir überprüfen, ob wir den Partner richtig verstanden haben
Viele Meinungsverschiedenheiten über Gesprächsabbrüche kommen zustande, weil wir uns nicht vergewissert haben, ob wir den Partner *wirklich* verstanden haben. Wir halten also Rückfragen oder holen ein Feedback ein. (Im nächsten Kapitel werden die Rückkoppelung oder das Feedback besprochen.) Nachfragen sind ausgesprochen hilfreich:
„Habe ich dich richtig verstanden? Du wolltest also das und das sagen?“

„Ich wiederhole nochmal, du bist also der Meinung, daß...“
„Ich gebe noch einmal wieder, was bei mir angekommen ist.“

4. Wir überprüfen, ob wir unser Gegenüber annehmen können – wie es ist

Bedingungslose Annahme ist die Grundvoraussetzung für eine gute Kommunikation. Wer Aversionen hegt, kann nicht zuhören. Wer Ressentiments pflegt, kann nicht zuhören.
Wer wütend ist, kann nicht zuhören.
Wer langfristig unzufrieden ist, kann nicht zuhören.

Wir senden soviel Abwehr, daß unser Gesprächspartner sich zurückzieht. Wir *erreichen* unseren Partner nicht und er selbst *dringt* zu uns *nicht durch.* Gegenseitig stehen wir uns im Wege.
Was können wir tun?

- Wir *sprechen aus,* was wir gegen ein Familienmitglied auf dem Herzen haben. Offenheit (Regel Nr. 20) zahlt sich aus. Sie baut Barrieren ab, die sich zwischen uns gestellt haben.
- Wir hinterfragen unsere *hohen Erwartungen.* Hohe Erwartungen verstärken unsere Unzufriedenheit. Der andere leistet nicht, was wir uns vorgestellt haben.
- Wir überprüfen unsere *Machtansprüche.* Können und wollen wir darum nicht zuhören, weil ein Familienmitglied gegen unseren Herrschaftsanspruch Sturm läuft? Liegen wir im Machtkampf?

Mutter hört nicht zu

Die zwölfjährige Ingrid kommt von der Schule, legt ihren Mantel ab und ihre Schultasche und stürzt in die Küche, wo Mutter das Essen herrichtet.
„Wir haben heute von der Eifersucht gesprochen.“
Mutter: „Das ist doch kein Thema für euch. Wenn du einige Jahre älter bist, wenn du verliebt bist, dann solltet ihr darüber reden.“
Tochter: „Ich wußte gar nicht, was das ist.“
Mutter: „Siehst du, das habe ich dir doch gleich gesagt, du bist viel zu jung dafür, um zu verstehen, was wirkliche Eifersucht ist ... Ich war einige Jahre älter als du, da lernte ich beim Tanz-

kursus einen Jungen kennen, der war so krankhaft eifersüchtig, daß er sich mit anderen Jungens prügelte, wenn ich von jemand anderem aufgefordert wurde als von ihm."

Tochter: „Das ist etwas ganz anderes!"

Mutter: „Hast du eine Ahnung. Das ist Eifersucht, die einen ganz schön fertigmachen kann. Ich habe es erlebt."

Tochter: „Wann gibt es was zu essen?"

Mutter: „Gleich, Schätzchen!"

Was zeigt diese kleine Szene?

- Mutter und Tochter reden *aneinander vorbei*, weil Mutter nicht zuhören kann und der Tochter es nicht gelingt, sich verständlich zu machen.
- Die Mutter spult ihre eigenen Vorstellungen von Eifersucht ab, ohne auf die Gefühle der Tochter einzugehen, die offensichtlich etwas anderes beschäftigt. Die Mutter ist *bei sich* und nicht bei der Tochter.
- Ein Stichwort des Gegenüber aufzugreifen und eine eigene Geschichte loszuwerden, ist ein Beweis für *schlechtes* Zuhören.
- Ein schlechter Zuhörer *argumentiert* sofort los, spricht über seine persönlichen Gedankenverbindungen und redet am anderen vorbei.
- Die Tochter reagiert enttäuscht, bricht das Gespräch ab und *lenkt* auf ein anderes Thema *über*. Sie erlebt, daß das Gegenüber nicht bereit ist, sich auf *ihre* Gefühle, ihre Probleme, Vorstellungen und Überlegungen einzulassen.

Wie kommen wir aus solchen Gesprächssackgassen heraus?

- Die Mutter erlebt, das Kind fühlt sich nicht verstanden und bricht das Gespräch ab. Sie könnte dann beispielsweise sagen: „Ingrid, ich habe das Gefühl, daß ich das, was du sagen wolltest, gar nicht richtig aufgegriffen habe."
  Das Kind hätte die Möglichkeit, den Faden an der richtigen Stelle neu aufzugreifen.
- Das Kind erlebt, daß das Gespräch in einer Sackgasse endet. Es könnte sagen: „Mutter, ich wollte über was ganz anderes sprechen, hörst du bitte mal zu." Oder:
  „Der Lehrer hat über einen ganz anderen Punkt der Eifersucht gesprochen, den will ich dir mal erzählen."

FRAGEN ZUR SELBSTPRÜFUNG

Habe ich Schwierigkeiten, mit meinen Familienangehörigen ins Gespräch zu kommen?

Kann ich nicht zuhören, weil ich den anderen nicht genügend *ernst nehme*?

Bin ich ein guter Zuhörer, oder bestimme ich weitgehend den Ablauf eines Gespräches *allein*?

Was könnte meine Kinder hindern, mit mir ins Gespräch zu kommen?

Habe ich die Angewohnheit, Kinder nicht ausreden zu lassen?

Habe ich die Angewohnheit, sofort dagegen zu argumentieren?

Habe ich die Angewohnheit, vieles sofort besser zu wissen?

Habe ich die Angewohnheit, das Gesagte nicht akzeptieren zu können?

Gelingt es mir nicht, mich auf die Stufe des Fragenden zu stellen?

Könnten meine Gesprächsschwierigkeiten damit zusammenhängen, daß ich den anderen nicht liebe – wie er ist?

Kann ich nicht zuhören, weil ich Vorbehalte gegen meine Familienmitglieder habe?

Kann ich nicht zuhören, weil ich zu oft nur mit *meinen* Dingen beschäftigt bin?

Bin ich bereit zu trainieren, mit den Augen des anderen zu sehen, mit den Ohren des anderen zu hören und mit dem Herzen des anderen zu fühlen?

Regel Nr. 25

Wir wollen alle Annahmen durch Rückfragen überprüfen. Wir vergewissern uns der Zustimmung des Gegenübers, bevor wir handeln.

Das alltägliche Familienleben erfährt in der Tat viele Meinungsverschiedenheiten und Mißverständnisse, weil Eltern und Kinder aneinander vorbeireden. Es gibt Streit, weil sie sich nicht vergewissert haben, was der andere wirklich gemeint hat und wie er eine Aussage verstanden haben will. Oder, ein Familienmitglied handelt, der nichtgefragte Partner reagiert verletzt und beleidigt. Sein Gegenüber, das einfach gehandelt hat, war der festen Überzeugung, es wird sich kein Widerspruch erheben.
Zweifellos gilt aber:

- Wir sind keine Hellseher,
- wir können die Gefühle des Partners nicht erraten,
- meine Gefühle und seine Gefühle sind verschieden,
- meine Großzügigkeit und seine Großzügigkeit sind nicht vergleichbar.

Es ist immer ein Fehler, zu denken, was der andere denkt, ohne es zu überprüfen.
Meine Schlüsse sind nicht seine Schlüsse,
meine Annahmen sind nicht seine Annahmen,
meine Überzeugungen sind nicht seine Überzeugungen.
Eine Hilfe ist es, sich zu vergewissern: „Ich denke, daß du mit mir übereinstimmst, oder?"
Im Fernsehen begegnet uns bei Robert Lembke eine interessante Rückfrage: „Gehe ich richtig in der Annahme?" Es klingt altmodisch, trifft aber genau den Kern der Sache.
Es gibt Menschen mit *pessimistischer* Grundeinstellung. Sie sehen alles schwarz und befürchten ständig das Schlimmste. In allen Aussagen, die sie nicht überprüfen, erkennen sie Negatives und Drohungen. Der Lehrer sagt: „Deine Note in Deutsch, Gisela, ist dieses Jahr erstaunlich!" Gisela *denkt*: „Da siehst du, Deutsch ist sowieso eine schwache Seite bei mir. Meine Note wird erstaunlich schlecht sein."

Der Vater sagt: „Die Sache mit dem Taschengeld müssen wir neu überprüfen."
Das pessimistische Kind *glaubt*: „Der Vater will mir was abziehen. Wahrscheinlich ist er unzufrieden mit mir."
Die Freundin sagt: „Das Kleid sieht apart aus!"
Die Angesprochene *denkt*: „Aha, das Kleid ist zwar apart, aber der Sitz ist miserabel und außerdem steht es mir überhaupt nicht."

Was können wir tun?

- Wir drücken unsere Gefühle und Empfindungen aus und äußern unsere negativen Befürchtungen. In der Regel werden wir erleben, daß unsere Annahmen abwegig waren.
- Wir fragen *präzise* zurück, wie der Sprecher seine Aussagen gemeint hat. Gisela könnte zurückfragen: „Herr Sowieso, was wollen Sie bitte mit der Bemerkung über die Note zum Ausdruck bringen?"

In der Beratung praktiziere ich gern folgendes. Wenn ein Klient mir das Problem vorgestellt hat, wiederhole ich mit meinen Worten das Gesagte:
„Herr Sowieso, ich habe Sie so verstanden, daß Sie mir das und das sagen wollten ... Der Vorfall mit der Bekannten, den Sie mir ausführlich schilderten, kam bei mir so an ..."
Es ist keineswegs nur eine „Technik" für Fachleute, die beruflich mit Gesprächsführung und zwischenmenschlichen Beziehungen zu tun haben. Es ist ein hilfreicher Tip, falsche Annahmen zu verhindern. In der Gesprächsführung nennt man ihn „Feedback" und meint soviel wie „Rückmeldung". Die Rückmeldung des Gegenübers gestattet es mir, meine Annahmen zu überprüfen.

Überlaß das Denken den Pferden!

Es ist nach dem Weihnachtsfest. Die gefüllten Teller stehen auf dem Tisch unter dem geschmückten Weihnachtsbaum. Die Tochter geht kommentarlos an den Teller des Vaters, öffnet einen Beutel mit feinen Krokantpralinen und steckt sie sich in den Mund. Der Vater liest in der anderen Ecke ein Buch und schreit durch den Raum: „Wer hat dir das erlaubt? Hast du mich gefragt?" Die Tochter: „Ich dachte, du hast nichts dagegen."

Vater: „Überlaß das Denken den Pferden, die haben einen dikkeren Kopf."
Ein typisches Beispiel, das verdeutlicht, wie schnell Streit und Mißverständnisse aufkommen, weil wir uns nicht *vergewissert* haben, was der andere denkt.
Auf internationalen Fachkonferenzen erlebte ich einige Male die amerikanische Therapeutin Bronia Grunewald. Sie arbeitet gern mit ganzen Familien vor einer großen Zuhörerschaft. Sie hat als Individualpsychologin eine Methode der Beratung übernommen, die Alfred Adler schon in den Zwanziger Jahren dieses Jahrhunderts in Wien und anderswo praktizierte. Erziehungsprobleme mit Kindern werden offen besprochen und mit allen Beteiligten Lösungen ausgehandelt. Wenn die ganze Familie nach eingehenden Gesprächen eine Lösung gefunden hat, fragt Bronia Grunewald jeden Teilnehmer *einzeln*, ob er mit dem Ergebnis der Aussprache einverstanden ist.
„Frau Müller, stimmen Sie dem Ergebnis ganz zu und wollen Sie die Abmachung mit allen anderen in die Tat umsetzen?"
„Herr Müller, sind Sie mit der Abmachung einverstanden und machen Sie mit?"
„Gerd, bist du bereit, die Abmachung, so wie sie getroffen wurde, einzuhalten?"
„Willi, hast du noch Bedenken und wirst du mithelfen, daß die gemeinsam geschlossene Vereinbarung eingehalten wird?"
Die Therapeutin vergewissert sich, ob sie der Zustimmung *aller* Beteiligten wirklich sicher sein kann. Schlüsse, die mit halbem Herzen gefaßt sind, werden bewußt oder unbewußt torpediert. Spätere Abwehr ist ein sicheres Zeichen dafür, daß der Widerstand größer war, als er in den Gesprächen sichtbar wurde. Wir wollen alle Annahmen (in diesem Fall, daß alle Familienmitglieder mit der gemeinsam getroffenen Vereinbarung übereinstimmen) rückfragend überprüfen.
Die Themenzentrierte Interaktionelle Methode (TZI) nach Ruth Cohn, die als Hilfe für Lern- und Arbeitsgruppen, für Klassen und Familien entwickelt wurde, hat eine Regel in ihr Arbeitsprogramm aufgenommen, die folgenden Wortlaut hat:
„Wenn du eine Frage stellst, frage zuerst, was sie dir bedeutet (und wo du mit deinen Gedanken und Empfindungen bist, aus denen du heraus fragst). Denn es ist beinahe immer besser, eine persönliche Aussage zu machen, als an andere Fragen zu stellen.

Meine Äußerung ist eine persönliche Mitteilung, die andere Teilnehmer zu eigenen Aussagen anregt. Viele Fragen sind unecht, sie stellen indirekt Ansprüche an den anderen und vermeiden eine persönliche Aussage."[14]
Das Kind fragt beispielsweise: „Mutti, soll man eigentlich heiraten?"
Die Mutter hört die Frage und sprudelt los: „Natürlich soll man nicht heiraten, wenn man nicht will. Heiraten tun nur Leute, die sich mögen und lieben. Außerdem bist du noch viel zu jung, um sich mit solchen Fragen zu beschäftigen."

Was zeigt die kleine Szene?
- Die Mutter hat sofort geantwortet und vermutlich den *eigentlichen* Hintergrund der Frage nicht begriffen.
- Sie hat ihre Tochter nicht gefragt, was die Frage ihr bedeutet und welche Gedanken und Empfindungen sie dabei hat.
- Auch die Tochter kann anhand der oben formulierten Regel lernen, den Hintergrund, die Empfindungen und Gefühle kundzutun, die sie mit der Frage an die Mutter verbindet.
- Die Gedanken und Vorstellungen, die meine Frage einkleiden, sind für das Gegenüber hilfreich. Er versteht die Frage besser, er beantwortet sie wesentlich persönlicher und gibt die Antwort konkreter.

---

[14] Ruth Cohn, Das Thema im Mittelpunkt interaktioneller Gruppen, in: Gruppenpsychotherapie und Gruppendynamik, Bd. 3, 1970, S. 256.

FRAGEN ZUR SELBSTPRÜFUNG

Bin ich davon überzeugt, daß die Befolgung dieser Regel in unserer Familie eine Hilfe ist?
Will ich den Anfang machen und mich mehr als bisher bei meinen Handlungen vergewissern, ob meine Familienangehörigen keine Einwände erheben?
Fallen mir Beispiele aus der letzten Zeit ein, in denen sich Mißverständnisse, Streit und Meinungsverschiedenheiten durch *mangelnde Rückfragen* ergeben haben?
Wie oft *handele ich*, ohne mich beim Partner zu vergewissern, ob er mit meinen Entscheidungen einverstanden ist?
Wie oft bin ich *sauer*, daß mein Partner Entscheidungen trifft, ohne sie mit mir genauestens abgesprochen zu haben?
Lege ich Wert auf reibungslose Beziehungen, oder will ich mich *durchsetzen*, wenn ich handele, ohne mich bei meinen Familienangehörigen zu vergewissern?
Bin ich *pessimistisch* und neige dazu, in vielen Aussagen meiner Umgebung das Negative zu vermuten?
Bin ich bereit, meine pessimistische Grundeinstellung zu *korrigieren*, indem ich gezielt Rückfragen stelle und meine Befürchtungen überprüfe?

Regel Nr. 26

Wir bemühen uns, ein Problem genau zu beschreiben und konkrete Lösungen anzubieten und abzumachen.

Unklare Probleme und unklare Lösungen rufen Mißverständnisse, Reibungen und Streit hervor.
Viele Menschen merken es nicht, daß ihre Aussagen oft *unbestimmt* und vage sind. Unbestimmte Formulierungen sind:
„Ich erledige das *später.*"
„Den Rasen zu mähen, *übernehme ich,* für die Arbeit fühle ich mich zuständig."
„*Sobald ich dazu komme,* werde ich an die Sache rangehen."
„*Spät* wird es nicht, bis ich nach Hause komme."
„Ja, für die Arbeit werde ich üben!"
Wie können Absprachen konkreter getroffen werden?
„Morgen nach den Schularbeiten gegen 16.00 Uhr werde ich die Arbeit erledigen."
„Den Rasen zu mähen übernehme ich am Wochenende, und zwar am Samstagmorgen nach dem Frühstück."
„Für die Arbeit fühle ich mich zuständig, ich werde jeden abend vor dem Abendessen an die Sache herangehen."
„Am Montagnachmittag bin ich mit Haus- und Gartenarbeit fertig, dann kann ich mit dir einkaufen gehen. Nach den Schularbeiten kannst du dich auf eine Fahrt in die Stadt einstellen."
„Heute abend bin ich bis 9.00 Uhr im Hause."
„Ja, für die Arbeit werde ich heute nach dem Abendessen und morgen direkt nach der Schule eine Stunde üben."
Unverbindliche Aussagen sind geschickte Drückebergerei. Geben alle Beteiligten nicht acht, geschieht nichts, aber der Zusammenstoß und der Ärger sind unvermeidlich.

Mutti läßt sich abspeisen

Wie sehen unklare Probleme und unklare Lösungen aus? Das Kind sagt zur Mutter: „Direkt nach der Schule habe ich keine Lust Schularbeiten zu machen. Ich will erst spielen, *nachher* mache ich das schon." Mutter: „Meinetwegen. Vergiß es nicht!"
Was ist daran falsch?
Das Kind hat – verständlicherweise – nach dem Essen keine Motivation, sich an die Schularbeiten zu setzen. Die Mutter geht darauf ein, auch das ist in Ordnung. Fragen die offen bleiben:
- Wann ist nachher?
- Was geschieht, wenn das Kind seine unklare Absprache nicht einhält?
- Hat das Kind u. U. *berechnend* diese vage Auskunft gegeben? Hat die Mutter geschwiegen, weil sie auch ihre Ruhe haben will?

Die Mutter hat sich auf ein unklares Spiel eingelassen, das in der Regel anschließend zu häßlichen Auseinandersetzungen führt. Ihre nachgiebige Großzügigkeit zahlt sich nicht aus.
Wie hätte die Mutter antworten können?
Kind: „Ich will erst spielen, *nachher* mache ich das schon!"
Mutter: „Ich schlage *4 Uhr* vor. Dann kommst du bitte wieder rein und machst die Schularbeiten. Bist du einverstanden?"
Kind: „Damit bin ich einverstanden."
Mutter: „Was ist, wenn du das Versprechen nicht einlöst?"
Kind: „Dann kann ich verstehen, daß du mir nicht mehr gestattest, nachmittags zuerst zu spielen und dann die Schularbeiten zu machen."
Mutter: „Ja, so sehe ich es auch."
Problem und Lösung sind klar definiert. Wichtig ist, die Mutter hat sich vergewissert, ob das Kind mit den Lösungen einverstanden ist. Es gibt Kinder, die halten sich nicht an Gebote, weil sie *einseitig* von den Eltern angeordnet werden. Hier spielt sich unterschwellig ein Machtkampf ab. Eltern und Kinder begegnen sich auf der Linie: Sieg–Niederlage, Befehlen–Verweigern.
In der Ehe- und Familienberatung lege ich großen Wert darauf, im Erstgespräch sehr detailliert das Problem zu erkennen und zu erfassen, ich hinterfrage alle Ausführungen und Vorstellungen.
In der Regel wiederhole ich selbst das geschilderte Problem und vergewissere mich laufend:

„Habe ich Sie richtig verstanden?“
„Wollen Sie das so und so verstanden wissen ?“
„Sehen Sie den Schwerpunkt in dem und dem Aspekt?“
„Dieser Faktor ist Ihnen besonders wichtig?“
„Habe ich etwas vergessen, was Ihnen noch wichtig erscheint?“
Der Klient hat laufend die Möglichkeit, meine Wiederholung seines Problems zu korrigieren.

In schweren Ehe- und Familienkrisen, wo die Ehepartner oder einzelne Familienangehörige nicht mehr miteinander reden können, trägt ein Partner *aus seiner Sicht* die Problematik vor, und zwar so lange, bis er lückenlos und ohne Unterbrechung seine Sicht der Dinge losgeworden ist. Dann müssen der Ehepartner oder ein anderes Familienmitglied alles wiederholen.

Der erste Berichterstatter darf ständig unterbrechen und korrigieren, bis seine subjektive Darstellung in seinem Sinne richtig wiedergegeben ist. Wer das in Familien praktiziert, wird erleben, daß unzählige Mißverständnisse, die sich einschleichen durch unklare Formulierungen, durch mutwillige oder unbewußte Fehldeutungen und durch mangelnde Klärung, sich auflösen lassen.

FRAGEN ZUR SELBSTPRÜFUNG

Kann es sein, daß eine Reihe Reibungen in der Familie daher rühren, daß Probleme nicht klar angesprochen wurden?

Kann es sein, daß ich besonders der genauen Problemanalyse ausweiche?

Welche Familienmitglieder sind besonders an einer Problemanalyse desinteressiert und unterlaufen sie?

Was glaube ich, warum ich den Problemen ausweiche?

Habe ich Angst, zu hart und unangenehm konfrontiert zu werden, wenn ich Beziehungsmängel in der Familie aufzeige?

Kann es sein, daß der harte Widerspruch – von wem er auch immer kommt – dazu dient, meine Klagen zu dämpfen?

Lasse ich mich durch häßliche Widerworte, laute Argumente und Kritik an meinem Verhalten zum Schweigen bringen?

Werde ich in Zukunft konkrete und verbindliche Absprachen treffen, die Zeit, Ort, Beginn der Arbeit und andere Einzelheiten beinhalten?

Regel Nr. 27

Vater und Mutter müssen vor den Kindern nicht immer einer Meinung sein.

Ein alter pädagogischer Grundsatz der autokratischen Erziehung ging davon aus, daß Eltern vor den Kindern immer einer Meinung sein müssen. Was steckt dahinter?
- Eltern wollen sich nicht in die Karten schauen lassen,
- Eltern wollen über ihre Kinder bestimmen,
- Eltern wollen keine Schwächen zeigen,
- Eltern wollen nicht von den Kindern gegeneinander ausgespielt werden,
- Eltern fürchten um ihre Autorität,
- Eltern gehen davon aus, daß Kinder zu gehorchen haben.

Wer diese autokratische Anschauung in der Familie praktiziert, macht eine Reihe Fehler, die sich nachteilig im Familienklima auswirken. Was sind die Nachteile?
- Die Kinder lernen nicht von klein auf, daß Urteile im kleinen und Lebensentscheidungen im großen durch *Gespräche* gefunden werden.
- Wenn *Mündigkeit* ein Prozeß ist, der sich im wesentlichen in der Familie abspielt, sollten schon kleine Kinder am Prozeß der Problembewältigung beteiligt werden. Entscheidungs- und Urteilsfähigkeit sind Vorgänge, die ein langes Training voraussetzen.
- Eltern, die vor einer Diskussion mit den Kindern schon ihre Entscheidung abgesprochen haben, spiegeln den Kindern ein *unechtes* Gespräch vor. Die Kinder haben ein untrügliches Gespür dafür, ob ihre Entschlüsse übergestülpt werden sollen.
- Die vorher vereinbarte Entscheidung der Eltern ruft oft Streit und Widerstand bei den Kindern hervor. Zwei Feinde stehen sich gegenüber. Die Kinder fühlen sich unterdrückt und *manipuliert.* Ein ehrlicher Meinungsaustausch ist nicht möglich.

Kinder, die von klein auf an allen Gesprächen beteiligt werden, lernen zu diskutieren. Sie bekommen Mut, frei und ungehemmt ihre Meinung zu sagen. Solche Kinder trainieren das Für und Wider, den Vor- und Nachteil eines Problems zu erkennen. Wer auf mündige Kinder Wert legt, mutet ihnen Partnerschaft zu. Gleichwertige Partner werden geachtet und in ihrem Urteil geschätzt. Sie kooperieren gern und fühlen sich jederzeit ernst genommen.

Viele Eltern fürchten, daß über Kleinigkeiten endlose Diskussionen geführt werden, die fruchtlos enden. Fruchtlose Diskussionen sind nicht selten eine versteckte Form des Machtkampfes. Es geht um *Rechthaben* und nicht um die beste Lösung für ein bestimmtes Problem. Eltern und Kinder oder auch Geschwister untereinander liegen sich in den Haaren. Sie wollen streiten und Probleme zerreden, sie wollen sich behaupten und kämpfen gegeneinander. Nicht zuletzt fürchten viele Eltern bei dieser Regel, daß Kinder zum *Ungehorsam* erzogen werden. Der amerikanische Familientherapeut Thomas Gordon schreibt zu diesem Problem:

„Manche Kinder ziehen es aus Gründen, die gewöhnlich nicht ganz verstanden werden, vor, sich der Autorität ihrer Eltern zu fügen. Sie kämpfen durch Fügsamkeit, Gehorsam und Unterwerfung. Zu dieser Reaktion auf elterliche Autorität kommt es oft, wenn die Eltern in der Anwendung ihrer Macht sehr rücksichtslos gewesen sind ... Manche Kinder bleiben während des Jugendalters und bis ins Erwachsenenalter hinein fügsam und unterwürfig. Diese Kinder leiden am meisten unter elterlicher Machtanwendung in der Kindheit, denn sie sind es, die eine tiefsitzende Furcht vor Menschen in Machtpositionen zurückbehalten, wo immer sie ihnen begegnen."[15]

Was sind die Nachteile der Erziehung zum strengen Gehorsam? Kinder *benutzen* Fügsamkeit und Gehorsam als Kampfmethoden. Wir erziehen unehrliche Persönlichkeiten, die anders scheinen als sie sind.

– Die Kinder sind zu Hause folgsam und gefügig, aber *draußen* oft aufsässig.
– Ihre Selbständigkeit, Mündigkeit und Kritikfähigkeit sind eingeschränkt, weil sie nach Vorschrift gehandelt haben. Sie

[15] Thomas Gordon, Familienkonferenz, Hoffmann und Campe, Hamburg 1972, S. 175.

sind gute Befehlsempfänger, aber wenig selbstverantwortliche Menschen.

- Ihre tiefverwurzelte Unterwürfigkeit, die mit Angst und Unsicherheit im späteren Leben gepaart ist, wird fast immer den Eltern zum Vorwurf gemacht.

Wenn Geschwister verfeindet sind

Frau und Herr Weiß suchen die Beratung auf, weil ihre vier Kinder geradezu feindschaftlich miteinander umgehen. Die Älteste ist 17, der Sohn 15, der zweite Sohn 13, und die Jüngste zehn. Die Kinder sind auch nicht bereit, gemeinsam in die Beratung zu kommen. Der Zweite sperrt sich am stärksten.
Mutter: „Eine gemeinsame Mahlzeit kriegen wir nicht mehr bei uns zusammen. Einer hat immer Sonderwünsche. Und jeder macht jeden für alles, was nicht klappt, verantwortlich."
Ich: „Wie sieht das konkret aus?"
Vater: „Meine Frau und ich sagen, daß wir um 18 Uhr zu Abend essen, dann muß der eine noch unbedingt Schularbeiten machen, der andere ist mit dem Freund verabredet und überhaupt sind wir schuld, daß wir das Essen so früh legen."
Ich: „Und warum vereinbaren Sie nicht *gemeinsam* einen Termin für's Abendessen?"
Vater: „Dabei kommt nichts heraus. Wenn Sie vier Kinder unter einen Hut bringen wollen, gelingt Ihnen das nie. Sie sehen ja, jeder hat Sonderwünsche und hänselt und quält den, der um 18 Uhr zum Essen da ist."
Ich: „Mir scheint so, als richte sich der Zorn gegen die Eltern, die Termine vorschreiben, die nicht alle gebilligt haben."
Mutter: „Leider ist das so. Aber verhandeln geht auch nicht. Bei vier Kindern ist das ein Unding. Wir als Eltern legen gemeinsam fest, was gemacht wird."
Ich: „Wenn ich Sie richtig verstehe, dann klappt das aber auch nicht?"
Vater: „Doch, bei der Jüngsten funktioniert das. Sie gehorcht und hält sich strikt an unsere Vereinbarungen."
Mutter: „Aber sie wird dafür von den Großen geradezu mißhandelt. Wo sie können, werfen ihr die Geschwister Knüppel zwischen die Beine. Die Kleine schreit den ganzen Tag und beschwert sich."

Ich: „Die übrigen Geschwister rächen sich sozusagen an ihr."
Mutter: „Mir ist dieser Gedanke auch schon gekommen! Sie können es nicht haben, daß wir mit Sabine ein gutes Verhältnis haben."
Ich: „Und wie gehen die älteren Geschwister miteinander um?"
Vater: „Sie sind nur eins gegen die Eltern. Ansonsten beschimpfen sie sich gegenseitig, aber das regt uns fürchterlich auf. Die Schande fällt ja schließlich auf uns zurück."
Was macht diese kleine Familienszene deutlich?

- Ein *chronischer* Geschwisterstreit ist nicht normal. Er offenbart tiefgreifende zwischenmenschliche Störungen im Familienklima. Streit unter Geschwistern ist *nicht die Regel* und hat den Zweck, sich im mitmenschlichen Umgang behaupten zu lernen.
- Eltern sind fest davon überzeugt, daß gemeinsame Gespräche mit Kindern unmöglich sind. In dem Punkt sind beide Ehepartner eins.
- Von vier Kindern ist nur eins ganz folgsam. Es wird offensichtlich vorgezogen und verwöhnt und bekommt dafür den Zorn aller übrigen zu spüren. Es wird regelrecht „mißhandelt".
- Die Kinder *rächen sich* nicht nur an der jüngsten Schwester, sondern auch an den Eltern, die Termine festsetzen und unpartnerschaftlich den Ablauf in der Familie bestimmen wollen.
- Die Geschwister beschimpfen und befehden sich gegenseitig und treffen damit offensichtlich eine wunde Stelle der Eltern. Der Vater empfindet den Geschwisterstreit als *Schande*, der auf die Eltern zurückfällt.

FRAGEN ZUR SELBSTPRÜFUNG

Welche Ziele verfolge ich wirklich, wenn ich Gespräche mit meinen Kindern führe und habe die Entscheidung mit meinem Lebenspartner bereits besprochen?
Habe ich das Gefühl, meinen Kindern demonstrieren zu müssen, daß ich das letzte Wort habe?
Muß ich den Kindern meine elterliche Gewalt verdeutlichen?
Glaube ich an meine Stärke und an meine Überlegenheit?
Fühlen sich meine Kinder in der Familie ernstgenommen oder manipuliert?
Habe ich Angst, Autorität einzubüßen?
Befürchte ich, meine Kinder könnten Vater und Mutter gegeneinander ausspielen?
Befürchte ich, daß durch mangelnde Absprachen der Familienfriede gefährdet wird?
Will ich meine bisherige Gesprächspraxis ändern oder behalte ich aus Überzeugung meine alte Form bei?

Regel Nr. 28

Wir schließen Kompromisse und halten sie nicht für Schwäche.

Der Kompromiß wird, an autoritären und patriarchalischen Maßstäben gemessen, als *Schwäche,* Zugeständnis und mangelnde Autorität gewertet. Nicht nur in der großen Politik spielt der Kompromiß eine Rolle, auch in der Familie. Leider wird der Kompromiß – mehr oder weniger gefühlsmäßig – negativ beurteilt. Der Kompromiß wird als Schwäche ausgelegt, als eine negative Form des Nachgebens. Viele glauben:
Wer nachgibt, zeigt kein Rückgrat,
wer Kompromisse schließt, ist wankelmütig,
wer Kompromisse schließt, zeigt zu wenig Autorität,
wer Kompromisse schließt, läßt sich auf der Nase herumtanzen,
wer Kompromisse schließt, muß klein beigeben.
Wer diese Gedanken bejaht, praktiziert *autokratische Züge.* Er will sich durchsetzen und die Familie bestimmen. Wer kompromißbereit ist, ist verhandlungsbereit, er akzeptiert die Meinungen der anderen, nimmt gegensätzliche Standpunkte ernst und läßt sich auf Verhandlungsergebnisse ein, die beiden Seiten gerecht werden. Oder ist es nicht eine echte Verhaltensform zwischen Menschen, die gegenteiliger Meinung sind, einen für beide Seiten akzeptablen Weg zu finden? Auch in der Erziehung geht es nicht ohne Kompromisse. Nach der lateinischen Übersetzung versteht man unter einem Kompromiß eine *Übereinkunft,* einen *Ausgleich.* Partnerschaft verlangt Übereinkunft. Man handelt ein vernünftiges Ergebnis aus. Man strebt einen Ausgleich an.

Der Mut zum Kompromiß ist auch der Mut zur Unvollkommenheit. Der Mut zur Unvollkommenheit beinhaltet:

- Mut zum Eingeständnis unserer Fehler und Schwächen, und zwar vor uns selbst und vor anderen.

- Mut zum Eingeständnis, daß das Kind Fehler machen darf, daß wir ihm keine langen Vorträge halten, wie es sich bei Tisch benehmen soll. Es lernt am meisten durch *Nachahmen.*
- Mut zum Eingeständnis, daß wir nicht größer, klüger und besser sein müssen als andere.
- Mut zum Eingeständnis, daß wir nicht stärker, weiser und gebildeter *erscheinen* müssen als andere.
- Mut zum Eingeständnis, daß ein Überspielen der Unvollkommenheit gemeinschaftschädlich ist.
- Mut, Kompromisse für eine gute Übereinkunft zu halten und nicht für eine Schwäche.
- Mut, jede Selbstgerechtigkeit, Überheblichkeit und Heuchelei fahren zu lassen.
- Mut, auf Ideallösungen zu verzichten, die es im Himmel gibt, aber nicht unter Menschen, die irren und Fehler machen können.

Wer Kompromisse ablehnt, findet sich leicht in einer *Entweder-Oder-Haltung* wieder. Diese Einstellung ist im Zwischenmenschlichen gefährlich. Sie läßt wenig Spielraum für einen intensiven Meinungsaustausch. Denn nicht die Übereinstimmung ist Trumpf, der Austausch von Meinungen, sondern die Konfrontation mit einer Schwarz-Weiß-Ideologie. Eltern geraten pädagogisch mit Kindern in schwerste Konflikte,
- denn keine Arbeit wird *hundertprozentig* erledigt,
- kein Zimmer entspricht jeweils den Vorstellungen der Eltern oder eines Elternteils,
- niemals sind die Schularbeiten *lupenrein* angefertigt,
- niemals ist die Ordnung der Kinder *erstklassig,*
- und niemals ist das Familienklima *sehr harmonisch.*

Wie gefährlich der Lebensstil des *Entweder-Oder* bzw. des *Alles oder Nichts* ist, charakterisierte der amerikanische Professor James Croke auf einem internationalen Lehrgang für Individualpsychologen vor einigen Jahren in Holland:
„Der Depressive ist außerordentlich ehrgeizig, aber er zeigt immer eine zögernde Haltung, wenn er sich an die Lebensaufgaben dranmacht. Sogar wenn das Leben gut geht, ist er vorsichtig, denn es fehlt ihm der Glaube an sich und die anderen. Es ist das hohe Maß an Ehrgeiz, das aus einer geringen Produktivität resultiert. Seine luftschloßartigen Wünsche, seine Illusion nach *nobility* (nach Adel, nach Größe und nach Vortrefflichkeit) werden

zu *no ability* (Unfähigkeit). Das Wortspiel nobility und no ability kennzeichnen die Spannung, in der Depressive lebt."[16] Die Entweder-Oder-Haltung macht den Menschen unglücklich und seine Familienangehörigen dazu. Der Stil des Alles oder Nichts ist unmenschlich und krankhaft. Nach James Croke ist die Depression geradezu ein Standardbeispiel dafür, wie sich Alles-oder-Nichts-Phantasien auswirken. Je gesunder und stärker ein Mensch, desto flexibler und *kompromißbereiter* ist seine Einstellung zum Leben und zu den Menschen.

Was wollen wir eigentlich mit unserer Entweder-Oder-Haltung bezwecken?

- Wir teilen die Welt in Gute und Böse ein,
- wir allein wissen, was richtig oder falsch ist,
- wir präsentieren den anderen unsere *Überlegenheit*,
- wir wollen mit unseren perfekt erzogenen Kindern *Eindruck* machen,
- wir wollen unser *Prestige* darstellen,
- wir können nur in *Extremen* denken und disqualifizieren ständig unsere Gesprächspartner.

Was können wir tun, um Entweder-Oder-Haltungen zu verringern?

- Wir unterlassen es, die Menschen in zwei Kategorien aufzuspalten, in ehrliche und unehrliche, in anständige und unanständige, in arbeitsame und faule, in Kapitalisten und Kommunisten. Die Menschen sind differenzierter.
- Wir gewöhnen uns ab, *extreme* Formulierungen zu benützen: Das ist *hundertprozentig* falsch, das ist hundertprozentig richtig, das ist *totsicher* eine Lüge; darauf kannst du *Gift* nehmen; entweder du tust das, oder ich nehme mir das Leben. (Der letzte Satz klingt frivol, wird aber von nicht kompromißbereiten Menschen oft praktiziert).
- Wir machen uns liebevoll darauf aufmerksam, wenn wir uns dabei ertappen, Entweder-Oder-Einstellungen zu benutzen. Wir fragen uns selbst, ob wir wirklich das meinen, was wir sagen: „Ist der Tip wirklich *totsicher?*"

---

[16] Vortrag auf der ICASSI (International Committee for Adlerian Summer Schools and Institutes 1974).

Wer über sich lachen kann, wenn er seinen extremen Formulierungen auf die Spur kommt, hat den Bann des Entweder-Oder-Lebensstils gebrochen.

Nichts ist tiptop, alles ist schlampig

Familie Schwarz ist ein Beispiel dafür, wie *kompromißlose* Eltern eine unzufriedene Atmosphäre verbreiten. Herr Schwarz ist Elektromeister, hat ein eigenes Geschäft und zwei Kinder, einen Sohn von 13 und eine Tochter von 15 Jahren. Er ist die Gewissenhaftigkeit in Person, und seine Gattin stimmt ihm voll zu. Beide Eltern sind in dem Punkt gleich. Seine Werkstatt ist ein „Vorbild an Ordnung und logischer Konsequenz“, wie er sich selbst charakterisiert. Er sagt: „Meinen Kindern habe ich verboten, sich in meiner Werkstatt aufzuhalten. Bei mir hat *alles* seinen Platz, *nichts* liegt herum. Wo die beiden auftauchen, ist das Chaos fertig.“ Herr Schwarz ist mit Schlips und Kragen gekommen. Er legt auf *tadel-lose* Kleidung Wert. Beide Kinder sehen aus wie aus dem Ei gepellt. Dafür sorgt Frau Schwarz. Der Junge trägt einen kurzen Haarschnitt, er fühlt sich „wie ein gerupftes Huhn“. Sein Vater läßt lange Haare nicht gelten, komme, was da wolle. Bisher haben sich die Eltern durchgesetzt, aber das Familienklima hat sich zusehends verschlechtert. „Bei uns herrscht immer Zank und Streit. Es vergeht kein Tag, wo wir uns nicht mit den Kindern in der Wolle haben,“ sagt die Mutter.
Ich: „Und worüber streiten Sie sich?“
Vater: „Um *alles.* Um die Haare, um die Ordnung, um die Kleidung, um die Schularbeiten. *Nichts* ist tiptop, *alles* wird schlampig und lieblos gemacht.“
Sohn: „Ihr wollt ja auch alles hundertprozentig haben! Ihr müßtet mal zu Felix kommen (zu mir gewandt), wissen Sie, das ist ein Freund von mir -- Ihr bekämt einen Schlaganfall.“
Vater: „Von mir hast du diese Ausdrücke nicht gehört.“
Was zeigt diese kleine Szene?

- Schon beim ersten Beratungsgespräch demonstriert die Familie ihren Streit, den sie täglich produzieren.
  Je *rigoroser* die erzieherischen Einstellungen, desto *unzufriedener* die gesamten Familienbeziehungen.
- Beide Eltern sind *wenig kompromißbereit.* Darum können es ihnen die Kinder *niemals* recht machen.

- Die Worte *alles* oder *nichts* spielen im Vokabular der Eltern eine große Rolle. Sie merken es selbst gar nicht, wie oft sie extrem Forderungen stellen.
- Die Alles-oder-Nichts-Ideologie bezieht sich auf alle Bereiche des täglichen Lebens, und zwar auf die Haare, die Kleidung, auf die Ordnung, auf die Schularbeiten und sogar auf das Sprechen.
- Die Eltern *überfordern* sich selbst und überfordern ihre Kinder gleichzeitig.
- Die Eltern nehmen ihre Kinder nicht an, wie sie sind, sondern wollen sie zu *perfekten* Menschen erziehen. Sie haben *ideale* Vorstellungen, produzieren damit aber ein desolates Familienklima.

FRAGEN ZUR SELBSTPRÜFUNG

Kann ich Kompromisse schließen, oder halte ich Kompromisse für eine Schwäche?

Praktiziere ich in der Familie Kompromißbereitschaft oder setze ich in der Regel meinen Willen durch?

Kann es auch sein, daß ich Kompromisse schließe und habe oft den Eindruck, daß die Kinder sich durchgesetzt haben und ihren Willen bekommen?

Fühle ich mich bei Kompromissen unterlegen?

Stelle ich bei mir einen Mangel an Autorität und Durchsetzungsvermögen fest, wenn ich Kompromisse geschlossen habe?

Neige ich zu Entweder-Oder-Haltungen?

Warum sind mir Entweder-Oder-Einstellungen so wichtig?

Kann es sein, daß ich unnötigen Streit und Zank in der Familie produziere, weil ich so *bedingungslos* konsequent bin?

Bin ich bereit, meine Kompromißbereitschaft in der Familie zum Gespräch zu erheben?

Bin ich bereit, im Familienrat (siehe Regel Nr. 3) Kompromisse einzuüben?

Neige ich auch dazu, Menschen in zwei Klassen, Verhaltensweisen in gut oder schlecht und Ergebnisse unzweideutig in richtig oder falsch einzuteilen?

Haben mir diese Verhaltensmuster schon oft oder ab und zu Schwierigkeiten gemacht?

Regel Nr. 29

Wir bemühen uns, gemeinsame Wertmaßstäbe zu suchen.

Früher wurden Maßstäbe kommentarlos überliefert. Normen wurden ohne Diskussion aufgestellt. Es gab mehr oder weniger moralische Rezeptbücher, und in Stadt und Land waren im großen und ganzen die Antworten gleich, die Gesetze ähnlich und die Vorschriften einheitlich. Familie, Schule und Kirche hatten weithin einhellige Ansichten. Das ist heute vorbei. Die Demokratie kennt den Normenpluralismus, und es gehört zum Wesen partnerschaftlichen Verhaltens in der Familie, Maßstäbe durch Übereinkunft zu regeln.
Der *Normenpluralismus* macht Eltern und Jugendlichen zu schaffen. Besonders eindeutige Christen haben es schwer, ihre Maßstäbe nicht für andere zwingend hinzustellen. Christliche Eltern können bestimmte biblische Maßstäbe rückhaltlos für sich anerkennen. Dürfen sie die Maßstäbe ihren Kindern aufoktroieren? Das Beispiel Lk 15, die Geschichte vom „verlorenen Sohn", macht deutlich, wie Vater und Sohn miteinander umgehen. Der Vater hat fraglos klare Maßstäbe und Vorstellungen. Er hat bestimmt viel Zeit darauf verwendet, das Für und Wider mit seinem Sohn zu besprechen. Aber gezwungen hat er ihn nicht. Wir sagen und leben unsere Wertvorstellungen, können sie aber mit Gewalt bei unseren Kindern nicht durchsetzen. Vieles können wir unseren Kindern weitergeben. Manches müssen sie am eigenen Leibe *erfahren*. Bestimmt schweren Herzens hat der Vater in dem biblischen Beispiel seinen Sohn ziehen lassen, mit Gewalt hat er ihm den Weg nicht verbaut.
Für die Familie intern können ethische Maßregeln und Verbindlichkeiten *gemeinsam* besprochen werden. Die gemeinsam gefundene Basis verhindert ein Gegeneinander und destruktives Kämpfen. Je mehr ein junger Mensch von innen heraus Maßstäbe, Normen, Werte und christliche Grundsätze anerkennt,

desto mehr stimmt er auch später mit ihnen überein. Auch das andere gilt: Je überzeugender wir die Maßstäbe leben und vertreten, desto besser für unsere Kinder. Klare Maßstäbe schaffen einen Orientierungsrahmen für unsere Kinder. Regellosigkeit verursacht Chaos und Angst. Nicht nur zwanghafte Erziehungsgrundsätze lösen Angst und Schuldgefühle aus, auch Regellosigkeit und Maßstabslosigkeit.

Wichtig ist:
Wertmaßstäbe sollen nicht gepredigt und gefordert werden. Sie sollen nicht aufoktroiert werden. Übergestülpte Wertmaßstäbe werden unterlaufen und durch passive oder offene Rebellion verletzt. Positiv ist, wenn Wertmaßstäbe nicht aufgezwungen, sondern von innen heraus bejaht werden. Eltern und Erzieher sind *Modelle,* die befragt und hinterfragt, imitiert und getestet werden können. Eltern sind Vorbilder und Leitbilder für alle Wertmaßstäbe, sind Orientierungshilfen im Selbstfindungsprozeß.

Der Dritte liegt quer

Herr W. ist Lehrer am Gymnasium. Sein Hauptfach ist Religion, das er motiviert und mit Engagement unterrichtet. Er hat vier Kinder, der Älteste ist 18, die Jüngste zehn. Er sucht die Beratung auf, weil das dritte Kind ihm große Schwierigkeiten macht. Der Junge ist 12½ Jahre alt, stark entwickelt, lang aufgeschossen und schon im Stimmbruch. Seit einem halben Jahr „liegt er in der Familie quer", wie sich der Vater ausdrückt.
„Er macht, was er will, und respektiert einfach nicht die Absprachen in der Familie."
Ich: „Treffen Sie gemeinsam Absprachen, oder wie halten Sie's bei sich?"
Vater: „Ich bin bestimmt nicht autoritär, aber bestimmte Dinge werden bei uns angeordnet. Bei vier Kindern geht das einfach nicht anders und bisher lief das alles gut."
Ich: „Lief wirklich alles gut? Oder haben einzelne in der Familie Widerstand geleistet?"
Vater: „Etwas Widerstand gehört ja dazu. Die Kinder müssen ja ihre Grenzen kennenlernen. Besonders der Älteste hat jahrelang

passiven Widerstand geleistet. Er zog sich zurück, wurde ein Einzelgänger und lebte für sich. Mit vielen Verhaltensweisen war ich absolut nicht einverstanden. Aber er war kein unangenehmer Rebell."

Ich: „Der Dritte ist also ein lauter und unangenehmer Rebell."

Vater: „Ja, er setzt mich ins Unrecht, wo er kann. Ostentativ hat er sich vom Religionsunterricht abgemeldet. Er geht einfach nicht mehr hin. Die Poster müßten Sie einmal in seinem Zimmer sehen. Schrecklich!"

Ich: „Seine Haltung, seine Stimme und seine Kleidung sind ein einziger Protest, kommt mir vor."

Vater: „Ich sagte ja, er liegt einfach quer. Alle Maßstäbe sind für ihn Repression und Herrschaftsallüren. Aber ich kann doch das nicht durchgehen lassen! Er steckt ja die übrigen Geschwister an."

Ich: „Haben Sie den Eindruck, daß sich die Geschwister alle anstecken lassen?"

Vater: „Der Älteste bestimmt. Der wartet nur darauf, daß er 18 Jahre alt wird und ausziehen kann. Bisher habe ich es nicht verboten. Schließlich bin ich auch für ihn verantwortlich."

Ich habe den Jungen persönlich kennengelernt. Sein subjektiver Eindruck über den Vater ist schlimm. Er läßt kein gutes Haar an ihm und rebelliert, wo er kann. Alle Wertmaßstäbe des Vaters, die jenem heilig und unantastbar erscheinen, möchte er zerschmettern und kontrovers ausleben. Der Sohn *kämpft* mit allen Mitteln gegen den Vater, der ihm Maßstäbe aufzwingen und Normen und Werte beachtet haben will.

Der Junge, der etwas widerwillig und gleichgültig in die Beratung kommt, sitzt reglos im Stuhl, starrt vor sich hin und hat die Hände im Schoß gefaltet.

Ich: „Alexander, was erwartest du von mir?"

Er: „Daß Sie mir ins Gewissen reden."

Ich: „Ich soll also das gleiche tun wie der Vater, die Mutter und andere?"

Er zuckt mit den Schultern.

Ich: „Alexander, das bringt nichts. Moral hat dir der Vater gepredigt. Er hat es wahrhaftig gut gemeint, aber keinen Erfolg gehabt. Warum? Weil niemand einen Menschen zwingen kann und darf. Und Wertmaßstäbe dürfen wir erst recht nicht einem Menschen aufzwingen. Der Glaube ist eine heilige Sache. Niemand

dürfen wir zum Glauben überreden, geschweige denn zwingen."
Er: „Sagen Sie das mal meinem Vater!"
Ich: „Ich werde es ihm sagen und habe es ihm gesagt. Alexander, wir kommen nur zu einem harmonischen Miteinander, wenn jeder jeden respektiert. Du respektierst den Vater, seine Wertmaßstäbe mußt du nicht übernehmen. Dein Vater respektiert dich, seine Wertmaßstäbe darf er dir nicht aufzwingen. Und beide überlegen, wie es einen gemeinsamen Weg gibt, um miteinander in der Familie zu kooperieren."
Es waren viele Gespräche notwendig. Aber Vater und Sohn lernten sich respektieren, lernten sich achten, lernten, den anderen ernst zu nehmen und nicht zu verachten. Beide stellten ihren Kampf gegeneinander ein, fanden Kompromisse, die beiden Parteien gerecht wurden.

FRAGEN ZUR SELBSTPRÜFUNG

Sind wir bereit, überhaupt Wertmaßstäbe zur Diskussion zu stellen?

Sind wir bereit, gemeinsam mit allen Familienangehörigen – soweit sie Verantwortung mittragen – Wertmaßstäbe zu formulieren und zu definieren?

Können wir bei unseren Kindern Zeitprobleme, Ordnung, Pünktlichkeit, Moral usw. zur Diskussion stellen? Oder liegen unsere Wertvorstellungen diskussionslos fest?

Glauben wir, daß wir unsere moralischen Maßstäbe mit allen Mitteln bei unseren Kindern durchsetzen müssen?

Kann es sein, daß unsere *Ordnungsvorstellungen* in der Familie so übertrieben sind, daß wir ständig Reibereien und Zuwiderhandlungen heraufbeschwören?

Predigen wir Wertmaßstäbe in unserer Familie oder sind wir als Eltern Vorbilder?

Führen wir ein ethisches Leben, das zur Nachahmung reizt, oder sind die Maßstäbe für uns eine Last, die uns unfroh und verkrampft sein läßt?

Pochen wir darum auf Einhaltung der Wertmaßstäbe in der Familie, um Nachbarn, Freunden und Bekannten unsere anständige Gesinnung zu demonstrieren?

Sind wir sehr von der Meinung der anderen abhängig?

Regel Nr. 30

Wir verwenden dieses Buch als Anregung, nicht als Gesetzbuch. Wir beginnen mit einer Regel, von der wir überzeugt sind.

Wer sich zuviel vornimmt, bereitet systematisch seinen eigenen Mißerfolg vor.
Wer *viel* ändern will, wird *viel* Enttäuschungen einstecken.
Wer sich bescheidene Ziele setzt, wird am ehesten den Erfolg sehen und erleben.
Hohe Ziele sind ehrenwert, sie verraten eine edle Gesinnung und hohe Absichten. Je edler aber die Erziehungsabsichten, desto größer die Enttäuschung.
Hinter den hohen *Erwartungen* und den hohen Erziehungszielen wird der Perfektionist sichtbar. Er belastet sich und andere, weil die Erfolge in keinem Verhältnis zu seinen Erwartungen stehen. Die Regeln sind *Anregungen,* keine *Gesetze,* sie wollen Impulse vermitteln und nicht zwingend vorgeschrieben werden.
Weiterhin gilt es zu beachten, daß nur die Kommunikationsregeln angewendet werden sollten, zu denen sich alle Beteiligten bekennen. Wer zu einer Regel aus Überzeugung nein sagt, kann selbstverständlich die Regel nicht anwenden.
Nur wenn alle mindestens zu 75% von einer Regel überzeugt sind, hat die Praxis Erfolg.
Wer gefühlsmäßig Zweifel äußert, wird die Durchführung unterlaufen.
Er sträubt sich und wird auch die anderen Familienmitglieder am Mißlingen beteiligen.
Vielleicht gelingen in der Tat darum so wenig Anläufe, etwas verändern zu wollen, weil der Mensch *nicht voll* hinter seinen Absichten steht. Wer nur auf seine pädagogischen Mißerfolge schielt, wer ständig über sein eigenes Versagen jammert, der ist nicht ernsthaft bereit, ein destruktives Verhaltensmuster zu ändern.

Er bemitleidet sich selbst,
er tritt auf der Stelle,
er blockiert den Fortschritt,
er steht der Familienharmonie im Wege,
er täuscht gute Absichten vor.

Ich habe alles falsch gemacht

Nach Vorträgen in Kindergärten oder in der Volkshochschule erlebe ich oft Erwachsene, die lauthörbar stöhnen und in die Runde sprechen, „wenn ich das so höre, dann habe ich alles falsch gemacht. Was soll ich nur anfangen? Es hat ja alles keinen Zweck mehr."
In einer Volkshochschulgruppe habe ich am Ende der Stunde diese Sätze an die Tafel geschrieben und zunächst der Zuhörerin herzlich gedankt, daß sie uns allen die Möglichkeit bietet, über solche Erziehungsvorstellungen nachzudenken. Dann habe ich gefragt, was uns allen zu diesen Sätzen einfällt und einige Punkte aus den Kommentaren zusammengefaßt.

1. Wer glaubt, daß er *alles* falsch gemacht und *alles* keinen Zweck mehr hat, der verschafft sich ein brauchbares Alibi, alle Kommunikationsänderungen abzulehnen und als erfolglos beiseite zu schieben.
2. Wer glaubt, daß er *alles* falsch gemacht hat, ist auf dem Grunde seines Herzens so fest von seiner Erziehungspraxis überzeugt, daß er anderen – vielleicht besseren pädagogischen und psychologischen Methoden – keine Chance einräumt. Verbirgt sich nicht hinter dieser Alles oder Nichts-Theorie eine große Überheblichkeit?
3. Der Perfektionist (Regel Nr. 4 + 28), der am liebsten fehlerlos oder vollkommen erziehen möchte, bastelt am intensivsten an seiner eigenen Unfähigkeit, indem er jeden Fehler doppelt ernst nimmt und seine eigene Entmutigung vervollkommnet.
   Ganz davon abgesehen, daß er auch andere erheblich verunsichert und entmutigt.
4. Wer sein Familienklima verbessern will, rede nicht soviel davon, was *eigentlich* alles geändert werden müßte, sondern *be-*

ginne mit *einer* Regel und ändere das, was er *bei sich* als falsch erkannt hat.

Silvester ist der Tag, an dem viele Menschen für das kommende Jahr heilige Schwüre und Versprechen abgeben, was sie alles ändern wollen. Je mehr sie sich vornehmen, desto eher sind sie selbstverständlich entmutigt und geben auf. Viele von ihnen werden schon in den ersten Januarwochen rückfällig, weil sie bei einer der zehn Änderungsabsichten scheitern. Sie sind enttäuscht über sich, weil sie keine zehn Programme für die nahe Zukunft meistern können.

FRAGEN ZUR SELBSTPRÜFUNG

Gehöre ich zu den Menschen, die sich ständig *viel* vornehmen, die große Zukunftspläne entwerfen und über die großartigen Entwürfe nicht hinauskommen?

Kann es sein, daß die *hohen Ziele* Aktivität und Engagement vortäuschen und ein Stück Befriedigung und Entlastung schaffen, aber von der Realisierung der Probleme ablenken?

Dienen die starken *Selbstvorwürfe* nicht dazu, Mitleid zu erwecken? Hemmen aber gleichzeitig den Mut, Veränderungen in Angriff zu nehmen?

Kann es sein, daß ich zu den Perfektionisten gehöre, der am liebsten *alles* ändern möchte und vor Unzufriedenheit nicht ruhig schlafen kann?

Bin ich bereit, aus den zig Kommunikationsregeln nur *eine,* die mich am meisten überzeugt, auszuwählen und mit dem Veränderungsprozeß zu *beginnen?* (Siehe Regel Nr. 1)

Kann ich meine Familie von der Notwendigkeit der Veränderung überzeugen, oder traue ich mir selbst diesen ersten Schritt nicht zu?

Wenn ich die letzte Frage mit „Nein“ beantwortet habe, will ich dann die Hände in den Schoß legen?

Personen- und Sachregister